따라하면 매출이 따라오는
스마트스토어
SMARTSTORE

따라하면 매출이 따라오는
스마트스토어
S M A R T S T O R E

일에일북스

1인 이커머스 창업,
스마트스토어를 시작하라!

소비자에게 최적화된 스마트스토어

2019년의 8월과 2020년의 8월은 전혀 다른 세상의 모습을 하고 있으며, 2020년에 우리는 2019년에 생각지도 못한 혼란 속에서 꿋꿋하게 하루하루를 살아가고 있다. 코로나로 인해 우리의 삶은 180도로 바뀌었으며, 우리의 삶에서뿐만 아니라 사회 전반적인 모습에서도 코로나 이전과 이후가 확연히 달라지고 있다.

우리의 쇼핑방식은 어떠한가? 기존 제품을 구매하는 방식을 보면, 크게 온라인·오프라인 두 영역으로 나누어볼 수 있다. 내가 구매하고자 하는 제품에 대한 경험이 있거나 내가 원하는 제품을 신뢰도가 높은 스토어에서 판매한다면 고민 없이 온라인에서 구매할 것이다. 반대로 제품에 대한 경험이 없거나 정보가 부족한 경우 오프라인 매장을 직접 방문해 구매하는 방식을 선택할 것이다. 그러나 이 또한 코로나로 인해 비대면 쇼핑을 선호하는 구매자들이 늘어나게 됨에 따라 매장을 직접 방문하기보다 온라인에서 제품을 구매하는 구매자가 증가하는 추세며, 기업에서는 이런 소비자들의 구매욕구를 충족시키고자 단순히 상품을 등록하는 판매방식을 탈피해 실시간으로 영상을 통해 제품에 대한 정보를 전달함으로써 구매율을 높이고 있다.

스마트스토어 늦지 않았다

판매방식은 점점 발전하고 있고, 앞으로도 계속 더욱 발전된 형태로 우리 삶을 파고들 것이다. 이런 상황에서 아직까지 상품을 판매하기 위해 오프라인 매장만을 고수하거나, 기존에 익숙해진 판매방식만을 고수한다면 결국 시대에 뒤떨어지는 판매자로 전락해버릴 것이다.

아직도 판매방식에 대해 고민을 하거나 확신이 없어 망설이고 있지만 적어도 현재 시대 흐름에 발맞춰 내 상품을 판매하고 싶다면 일단 스마트스토어부터 시작해보라고 권하고 싶다. 이유는 명확하다. 여타의 사업보다 초기자금이 많이 필요치 않다는 점과 함께 다른 오픈마켓이나 자사몰보다는 진입장벽이 낮다는 장점 때문이다.

아직도 망설이고 있다면 일단 시작하자

누군가는 스마트스토어는 더 이상의 블루오션이 아닌 레드오션이라고 말한다. 이미 많은 판매자들이 상품을 판매하고 있고, 수만 가지의 아이템이 판매되고 있기 때문에 어렵다고 한다. 하지만 일단 시작해보자. 시작이 두렵다면 이 책과 함께 해보자. 상품등록이 어려운가? 이 책이 길잡이가 되어줄 것이다. 상품을 등록했음에도 불구하고 매출이 오르지 않는다면 이 책을 통해서 디테일을 잡아보자. 판매방식 또한 남들 다 파는 상품이 아닌 잘 팔리는 상품을 고르고, 스마트스토어의 정체성을 잡아간다면 분명 가능성 있는 시장임은 틀림없다.

마지막으로 이 책을 읽고 시작하는 모든 분들의 성공을 기원한다.

이 책을 출간할 수 있도록 큰 도움을 주신 창공연구소 모든 강사님들, 자료 사용을 허락해주신 킬벅 인치준 대표님, 쏘머치 최은철 대표님, 헤세드퀴진 전경환 이사님 외 여러 대표님들과 사랑하는 가족들, 모두 감사합니다.

박지은

차례

10:30 AM 📶 85% 🔋

이 책으로 쉽게 스마트스토어
를 시작할 수 있었어요!
aci**** | 2017.05.15

원앤원북수 바이럴 마케팅 ›

BEST

NEW

SOLD OUT

SMARTSTORE

⊕ 스토어찜 5,485 ☐ 톡톡

SOLD OUT

BEST

S M A R T S T O R E

Continue

Part 1

누구나 쉽게 따라하는
스마트스토어

온라인에서 만드는 내 가게 스마트스토어

2012년 3월, 스마트스토어는 '샵N'이라는 이름으로 오픈마켓 시장에 진출했다. 초창기 샵N은 판매업체들을 서로 연결해주는 중개형 쇼핑몰 형태로, 샵N에 입점한 판매자들에게 8~10% 정도의 수수료를 받는 판매 중개업체로 시장에 진출했다.

사실 많은 양의 데이터를 가지고 검색결과를 노출해주는 포털(portal)로 자리매김한 네이버에서 샵N이 서비스된다는 것은 시장질서의 교란을 가져올 수밖에 없었다. 또한 검색시장의 70% 이상을 네이버가 차지하고 있는 상황에서 공정거래법 위반이라는 이야기의 중심에는 항상 샵N이 있었다. 결국 샵N은 2014년, 서비스 오픈 2년 만에 철수하게 된다.

샵N 서비스를 종료한 네이버는 같은 해 6월, '스토어팜'이라는 이름으로 새롭게 서비스를 오픈한다. 중개수수료를 받는 오픈마켓 형태를 탈피해 개인 판매자들이 온라인 스토어에 상품을 등록하고, 등록된 상품을 지

표 네이버 분기별 결제금액(단위: 조 원)

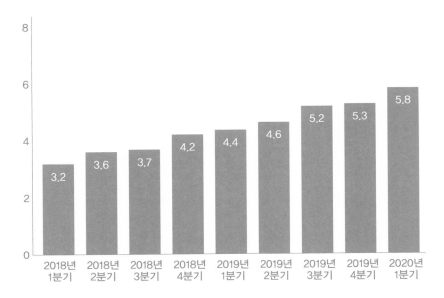

자료: 와이즈리테일

식쇼핑에 노출해주는 형태로 스토어팜이라는 플랫폼을 내놓은 것이다. 블로그나 카페는 각 플랫폼에 글을 올린 뒤 누군가가 검색창에 관련 키워드를 검색하면 등록된 글을 검색결과로 노출해준다. 스토어팜도 이와 동일한 형태다. 상품을 등록하고, 상품 관련 키워드를 검색하면, 검색결과로 등록된 상품을 보여주는 것이다.

누구나 쉽고 빠르게 등록 가능하며, 기존 오픈마켓보다 수수료도 낮은 덕에 많은 판매자들이 스토어팜에 입점하기 시작했다. 네이버가 스토어팜으로 재오픈한 이후 네이버 쇼핑의 거래액은 점점 증가하는 추세다. 분기별 결제금액을 놓고 봐도 네이버의 거래액 성장세는 압도적이다.

이렇듯 전자상거래에서 우위를 차지하고 있던 네이버 스토어팜은 2018년 2월, 스토어팜이라는 이름을 버리고 '스마트스토어'라는 이름으로 리브랜딩해 선보이게 되었다. 여기서 우리가 주목해야 할 부분은 왜 스토어팜이라는 기존의 이름을 버리고 과감하게 스마트스토어라는 이름으로 변경했는지에 대해서다. 스마트스토어로 리브랜딩되며 바뀐 사항에 대해 알아보도록 하자.

맞춤형 추천상품을 제공하는 에이아이템즈

스토어팜은 스마트스토어로 변경되면서 말 그대로 '스마트'해졌다. 가장 크게 느낄 수 있는 부분이 개인화 상품 추천 시스템인 에이아이템즈(AiTEMS) 영역이다. 에이아이템즈는 모바일 트렌드판의 '추천 트렌드', N쇼핑 홈의 'AiTEMS'에서도 확인할 수 있다.

에이아이템즈는 사용자의 행동 패턴을 분석하고 그 데이터를 기반으로 사용자의 관심사나 취향 상품을 추천하는 시스템이다. 여기서 분석되는 데이터는 개인정보(연령, 성별 등)와 실제 사용자의 쇼핑 과정에서 수집되는 쇼핑정보(검색 키워드, 찜, 장바구니, 구매이력 등)다. 이를 분석해 사용자가 관심을 보일 만한 상품을 추천하는 것이다. 실제 에이아이템즈 추천 영역에서 클릭 수는 27% 정도의 증가율을 보이며, 이를 통해 사용자들의 만족도도 상승하고 있다.

다음 페이지의 '네이버 에이아이템즈의 구조'를 보면 알 수 있듯이 딥러닝 기술 덕분에 사용자들은 선호하는 브랜드나 자신의 취향과 유사한 제

그림 **모바일 네이버 쇼핑의 에이아이템즈 추천**

품을 에이아이템즈 추천 영역을 통해 추천받을 수 있게 되었다. 또한 여러 상품들 중 화장품, 세안제, 물티슈, 화장지와 같이 생활에서 꼭 필요하며 주기적으로 구매하는 상품들은 에이아이템즈가 구매 시기를 예측하기도 한다. 재구매가 필요한 시점이 되었을 즈음에 다시 한번 해당 제품을 구매할 수 있도록 추천해주는 것이다.

에이아이템즈 추천은 판매자들이 등록한 수백여 가지의 상품이 골고루 노출되는 효과를 낸다. 하지만 이렇게 맞춤 형태로 추천되려면 판매자가 상품을 등록할 때 검색되거나 노출될 수 있도록 정확하고 꼼꼼하게 정

표 네이버 에이아이템즈의 구조

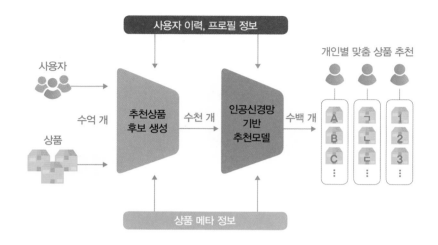

자료: 네이버 검색블로그

보를 등록해야 한다. 그래야 이미 분석해놓은 사용자의 데이터와 판매자
가 등록한 상품정보를 매칭해 해당 상품에 관심을 보일 사용자에게 추천
될 수 있기 때문이다.

유사한 상품정보를 찾는 쇼핑렌즈

네이버는 기존의 텍스트 검색 방식에서 이미지 검색이 가능하도록 '스마
트렌즈' 기능을 추가했다. 스마트렌즈는 사용자가 궁금한 대상을 촬영하
거나 스마트폰에 저장되어 있는 이미지를 불러와 검색할 수 있는 기능이

자료: Naver Search & Tech

그림 **모바일 화면으로 보이는 스마트렌즈와 쇼핑렌즈**

다. 키워드를 입력해 검색하기 애매했던 상품들을 쉽고 간편하게 이미지로 검색해서 결과를 볼 수 있다.

이런 스마트렌즈 검색 기능에 쇼핑 기능이 특화되어 선보인 것이 '쇼핑렌즈'다. 텔레비전 속 연예인의 소품이나 인테리어 소품이 궁금할 때, 누군가가 입은 옷이 어떤 브랜드의 옷인지, 어디서 판매되는 옷인지 궁금할 때 쇼핑렌즈를 통해 검색하면 같은 상품을 찾아내거나 비슷한 상품을 찾아보여준다. 상품정보를 사용자들에게 빠르게 제공함으로써 사용자가 원하는 상품을 구매할 수 있도록 유도하는 것이다.

인공지능을 이용한 맞춤형 쇼핑 서비스

☑ 음성인식과 인공지능 스피커

2018년 많은 업체들이 앞다투어 출시한 것이 있다. 바로 인공지능(AI) 스피커다. 이와 비슷한 시기에 검색 또한 텍스트가 아닌 인공지능을 이용한 음성 검색 시스템이 도입되었다. "안녕, 네이버"라고 말하는 순간 네이버 인공지능이 호출되어 음성 검색을 시작한다. 더 나아가서는 날씨를 묻거나, 뉴스나 음악을 틀어달라는 간단한 기능까지 음성인식으로 수행할 수 있다.

음성인식 기술에 주목해야 하는 이유는 스토어팜이 스마트스토어로 바뀐 것과 관련이 있다. 스마트스토어로 리브랜딩되면서 네이버는 판매자들에게 상품에 대한 정확한 정보를 작성하도록 요청했고, 상품등록 시 기입한 상품정보의 정확성에 따라 노출순위가 달라질 수 있기 때문에 판매자는 상품과 관련된 내용을 최대한 정확하게 작성해야 했다. 그렇게 등록된 상품은 구매자의 구매 패턴과 쇼핑 시 수집된 내역을 토대로 에이아이템즈 영역을 통해 맞춤형 상품으로 노출된다고 앞서 설명했다.

이제는 한 단계 더 나아가 음성인식과 쇼핑이 결합되어 기존의 쇼핑패턴, 즉 물건을 고르고 배송지를 입력하고 결제하는 방식에서 벗어나 음성인식만으로 쇼핑이 가능하게 만들었다. 예전에 단순히 음성인식으로 정보만을 요청했다면, 이제는 "클로바 생수 주문해줘"라고 이야기하는 순간 상품정보를 제공하고 상품과 수량를 선택해 결제 여부까지 확인 후 "결제해줘"라는 명령어에 따라 최종적으로 결제가 진행된다.

2020년 8월 현재 네이버 쇼핑에서는 일부 카테고리와 일부 제휴사에만

그림 **클로바 음성 주문**

한정적으로 시범서비스를 시행하고 있다. 아직까지는 보완과 지속적인 시스템 고도화 작업이 필요한 단계이지만, 앞으로의 가능성을 본다면 점차 카테고리의 범위가 확장되어 적용될 것으로 여겨진다.

현재 클로바 애플리케이션에서는 해당 기능을 지원하고 있지 않으며, 디바이스가 있다면 서비스를 사용할 수 있다. 단, 인공지능 스피커 디바이스를 통해 음성 주문을 진행하기 전 클로바 애플리케이션을 통해 음성 주문 설정을 활성화시켜야 사용할 수 있다.

☑ 대화형 인공지능 서비스 라온

네이버 인공지능 챗봇 라온(LAON)은 시뮬레이션 기법으로 사람과의 대화맥락을 이해하는 인공지능이다. 검색데이터를 바탕으로 채팅과 같은 대화형 검색과 문맥을 고려해 최적의 답변을 제공하는 데 초점을 맞추고 있는 채팅봇이다. 즉 사람과 대화하듯이 채팅을 통해 검색결과를 보여준다. 쥬니어 네이버에 가장 먼저 적용되었으며, 쇼핑에서는 '네이버 톡톡하기'에 적용되어 판매자 대신 고객문의에 대응해주는 쇼핑봇 기능을 하고 있다.

앞으로 네이버는 더욱더 인공지능 기술을 활용한 사용자 맞춤형 서비스를 제공하고자 할 것이다. 스마트스토어는 이러한 기술 발전에 대비하기 위한 변화일 것이다. 그렇다면 판매자가 대비해야 할 것은 무엇일까? 스마트스토어에 조금 더 스마트하게 상품을 등록함으로써 상품을 필요로 하는 숨은 사용자들에게도 노출될 수 있도록 노력해야 할 것이다.

S M A R T S T O R E

왜 네이버 스마트스토어일까?

네이버는 국내 포털 시장점유율 70% 이상을 차지하고 있다. 다음, 구글, 네이트 등이 포털 시장에 자리 잡고 있기는 하지만 부동의 1위를 차지하고 있는 것은 단연 네이버이며, 네이버의 아성을 무너뜨릴 강자는 당분간 나타나기 어려워 보인다.

우리나라 인터넷 사용자 10명 중 7명 정도는 네이버를 사용한다고 한다. 사람들은 네이버를 사용하는 이유 중 첫 번째로 '익숙함'을 꼽았다. 익숙함을 벗어나지 못해 네이버를 계속 사용하고 있고, 이 익숙함을 포기하지 않는 이상 사람들은 지속적으로 네이버에 머무를 것이라고 추측할 수 있다.

사람들이 네이버를 사용하는 또 다른 이유는 '정보의 양이 많다'는 것이다. 실제 하나의 키워드를 가지고 네이버, 구글, 다음의 검색결과를 비교해봤을 때 키워드에 대한 정보 노출의 정도는 각각 다르다. 언어에 따

표 2019년 포털 시장점유율

성별 사용 현황

남성	67.1	20.6	10.0
여성	86.1	4.8	5.5

연령대별 사용 현황

10대	85.8		10.8
20대	76.6	18.5	
30대	81.0	13.5	
40대	67.7	14.5	12.1
50대	72.2	6.3	20.6

검색 포털별 이용이유(상위 3개)

NAVER	Google	**D⌒m**
사용이 익숙하다	정보의 양이 많다	사용이 익숙하다
80.2%	**67.1%**	**83.3%**
정보의 양이 많다	정확한 검색결과	정확한 검색결과
정확한 검색결과	사용이 익숙하다	연관콘텐츠가 많다

네이버 74.4%

구글 13.2%

다음 9.6%

네이트 2.0%

라, 검색 키워드에 따라, 콘텐츠 생성 플랫폼에 따라 순위는 달라질 수밖에 없다. 하지만 이미 네이버에 '정보의 양이 많다'라고 대답했다는 것은 사람들이 필요한 정보가 있을 때 네이버에 검색할 확률이 높다고 봐도 무방할 것이다.

그렇다면 사람들은 자신에게 필요한 상품을 구매하려고 할 때 과연 어느 포털에서 상품을 검색할까? 결국은 네이버에서 검색할 확률이 높다. 이것만으로도 스마트스토어에 입점할 이유로 충분하다. 당신은 사람이 많이 다니는, 소위 장삿목이 좋은 자리에서 상품을 판매할 것인가, 아니면 사람들이 자주 지나다니지 않는 골목에서 물건을 판매할 것인가?

네이버를 통한 구매 의사 결정 단계

시장점유율과 쇼핑이 얼마나 큰 관계가 있을까? 소비자가 하나의 상품을 구매하기 위한 단계를 도식화한 표를 보면 네이버에서 쇼핑이 이루어질 수밖에 없는 이유를 충분히 설명할 수 있다. 일반적으로 사람들은 단순히 상품을 찾고, 결제하는 2가지 단계로만 쇼핑을 인식한다. 이것을 세분화한다면 구매하고자 하는 상품에 대한 검색부터 비교분석, 선택까지 조금 더 단계를 나눌 수 있다.

각 단계를 살펴보자. 상품 필요성 인식 단계에서는 주어진 상황에서 상품 구매의 필요성을 인식한다. 어떤 상품이 있다면 그 상품이 나에게 필요한지 필요하지 않은지를 파악하거나, 필요하지 않지만 갖고 싶은 물건인지 아닌지를 판단한다. 예를 들어 여행계획이 있는 사람이라면 여행 갈 때 가방이 필요할 것이다. 기존에 가방이 있다면 추가로 구매하지 않아도 되지만, 여행용 가방이 없다면 필요성을 인식하고 가방을 구매해야겠다고 생각한다. 이 단계가 바로 상품 필요성 인식 단계다.

표 네이버를 통한 구매 의사 결정 단계

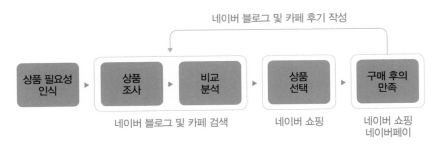

첫 번째 단계에서 가방이 필요하다는 사실을 인식했다면 두 번째 상품 조사 단계에서는 자신에게 필요한 가방이 어떤 형태인지 조사할 것이다. 이때 사람들은 네이버 블로그를 통해 실제 여행에 다녀온 사람들이 어떤 가방을 사용했는지 살펴보거나, 관심사가 비슷한 사람들이 모여 있는 카페에서 정보를 얻기도 한다.

이렇게 얻은 정보를 가지고 몇 개의 상품이 추려졌다면 각 상품들을 비교분석해 장단점과 가격 대비 성능은 어떠한지 등을 알아볼 것이다. 즉 여러 상품군을 놓고 적당한 상품을 고르는 행동이 이루어지는 단계가 비교분석 단계다. 이때도 역시 블로그나 카페에서 검색해 수집한 정보나 상품페이지에 올라와 있는 사용자들의 후기 등을 참고해 꼼꼼하게 비교한다.

상품별 비교분석이 끝나고 우선순위로 정해놓은 상품 중 구매자의 욕구, 경제적 능력, 구매 시기 등을 고려해 최종적으로 구매하고자 하는 상품을 선택하는 단계가 상품 선택 단계다. 최종 구매가 이루어지기 직전 단계이므로 어디서 상품을 판매하는지, 가격은 적당한지, 배송은 언제 오는지, 결제방법은 무엇인지 등 실제 결제 직전까지의 과정을 시뮬레이션 해보는 단계이기도 하다. 이와 같은 상품정보는 네이버 쇼핑에서 다양한 형태로 제공되어, 구매자는 정보를 쉽고 빠르게 얻을 수 있다.

마지막으로 구매 단계다. 구매 단계에서는 상품에 대한 시뮬레이션이 끝난 상태에서 최종적으로 결정한다. 이때 자신이 구매하고자 하는 가방이 네이버 쇼핑에서 생각한 범위 내의 가격으로 판매되고 있다면, 사용자들은 해당 상품을 네이버페이로 결제까지 진행한다. 결제가 완료되고 실제 상품을 받아본 일부 사용자들은 네이버 블로그와 스토어에 상품 후기를 작성한다. 쇼핑의 모든 과정을 네이버에서 마무리 짓는 것이다.

결국 상품 조사부터 결제까지 네이버에서 쉽고 편리하게 이루어진다. 그렇기 때문에 사용자 입장에서는 네이버를, 그리고 네이버 쇼핑을 마다할 이유는 없어 보인다.

스마트스토어로 확장하는 이커머스 시장

네이버의 시장점유율 또는 상품 구매 과정을 놓고 보기에 스마트스토어가 판매자가 생각했던 쇼핑몰이 아닐 수 있다. 판매 채널로는 스마트스토어뿐만 아니라 G마켓, 인터파크, 11번가와 같은 오픈마켓도 있고, 소셜몰이나 개인몰 등 판매방식 역시 다양하기 때문이다.

초기 이커머스(e-commerce) 시장 진입을 스마트스토어로 결정했다고 해서 꼭 스마트스토어만 운영할 필요는 없다. 스마트스토어를 운영하다 노하우가 쌓이거나 일정 수준 이상 매출이 오르지 않을 때는 스마트스토어 하나만 운영하기보다 시장 확장을 고려해야 할 시점이며, 판매 방향성을 다시 한번 고민해볼 시기이기도 하다.

시장을 확장하고 싶다면 스마트스토어를 추가로 오픈하거나, 오픈마켓·도매몰·폐쇄몰(복지몰) 등 각종 몰에 입점해 판매하거나, 독립몰을 오픈해 나만의 숍을 개설하는 방법이 있다. 시장 확장을 통해 어느 정도 상품 판매가 원활히 진행되고 있다면 최종적으로 해외마켓에 상품을 판매해보는 것도 생각할 수 있다.

시장 확장은 꼭 순서대로 진행하지 않아도 된다. 판매상품별 특성이 있을 것이고, 판매자의 성향, 추구하고자 하는 시장 방향이 모두 다를 것이

표 국내외 이커머스 시장 진출 및 확장

기 때문이다. 자신의 상황에 맞게 스마트스토어 입점한 다음 해외마켓에 입점해 상품을 판매해도 괜찮다. 다만 순차적으로 확장하게 되면 조금 더 체계적으로 나만의 브랜드가 시장에 쉽게 자리 잡을 수 있어 추천하는 편이다. 또한 순차적 확장을 통해 운영관리나 인력 문제 등도 함께 해결할 수 있다.

이처럼 이커머스 시장에 진출하고자 하는 판매자들 중에는 스마트스토어에 먼저 입점해 시장을 확장하려고 생각하는 사람도 있지만, 개인몰을 먼저 생각하는 사람이 있을 수 있고, 오픈마켓 또는 해외몰 판매를 먼저 생각하는 사람도 있을 수 있다. 그럼에도 불구하고 스마트스토어를 초기 이커머스 시장에 진출하기에 좋은 플랫폼이라고 소개하는 몇 가지 이유가 있다. 다음 장에서 그 이유를 알아보도록 하자.

스마트스토어로 시작해야 하는 이유

온라인 쇼핑몰을 운영하겠다고 마음먹은 판매자가 처음 직면하는 문제는 '어디서', '어떻게'다. 즉 상품을 온라인상에서 판매하고 싶지만 어디서, 어떻게 팔아야 할지 몰라 고민한다는 이야기다. 앞에서 이미 네이버에서 상품을 팔아야 한다고 이야기했다. 하지만 판매자의 성향이나 추구하고자 하는 목표에 따라 개인몰에 상품을 판매하고자 하는 판매자도 있을 것이고, G마켓이나 옥션, 인터파크와 같은 오픈마켓에 상품을 판매하고자 하는 판매자도 있을 것이다. 그럼에도 불구하고 처음 온라인 쇼핑몰을 시작하기 위한 플랫폼으로 스마트스토어를 추천하는 이유를 알아보자.

간단한 가입과 절차를 통한 스토어 개설

불과 몇 년 전까지만 해도 쇼핑몰이라고 하면 개인쇼핑몰을 생각하는 판매자가 대부분이었다. 그리고 개인쇼핑몰을 만들기 위해서는 카페24나 고도몰 등의 호스팅업체를 통해 개발자가 직접 쇼핑몰을 제작하고, 전문 디자이너가 쇼핑몰 디자인을 작업한 후, 결제시스템까지 적용해야 했다. 그러다 보니 실제 쇼핑몰을 오픈하는 데까지는 개발 시간, 디자인 시간을 포함해 많은 시간이 소요되었다. 그리고 믿고 맡길 전문가가 없다면 내가 원하는 상태의 쇼핑몰까지 나오기에 예측하기 어려운 시간과 비용으로 인해 중도에 포기하는 판매자도 있었다.

그러나 스마트스토어는 이런 어려운 제작 과정 대신에 간단한 가입과 인증절차를 통해 어려움 없이 나만의 스토어를 개설할 수 있도록 다양한 기능을 지원한다. 개발자 없이도 쇼핑몰을 개설할 수 있도록 기본 레이아웃과 등록시스템, 관리시스템을 제공하고 있으며, 전문 디자이너 없이도 스토어를 꾸밀 수 있는 기본 디자인 스킨과 간단한 디자인 기능까지 있다. 결제 또한 이전에는 결제대행사와 계약해 결제시스템을 쇼핑몰에 적용하는 작업을 했어야 했지만, 스마트스토어에 가입해서 스토어가 생기면 자동으로 네이버페이와 연동되어 결제시스템에 대해 판매자가 관여할 일은 크지 않다.

조금 더 쉽고 빠르게 내 상품을 등록하고 판매할 수 있는 스마트스토어. 이렇게 낮아진 진입 장벽 때문에 초기 진입 시장으로 추천하는 것이다.

표 스마트스토어 개설 단계

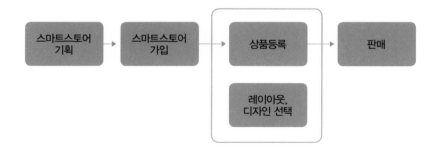

오픈마켓보다 낮은 수수료

스토어 개설을 완료했다면 상품을 무료로 등록하고 판매할 수 있다. 등록할 수 있는 상품의 개수는 등급에 따라 다르지만 초기 판매자라도 최대 1만 개의 상품을 판매할 수 있다. 당연히 그에 따른 수수료도 있다. 이때 수수료에는 상품이 판매될 때마다 부과되는 판매 수수료와 네이버 검색 연동 수수료가 포함된다. 만약 가상계좌로 결제가 진행되었을 경우 네이버 쇼핑 매출 연동 수수료를 제외한 판매 수수료 최저 1%와 네이버 쇼핑 매출 연동 수수료 2%를 포함해 최대 5.85%의 수수료가 부과된다.

　오픈마켓 역시 가입 후 상품을 무료로 등록하고 판매할 수 있지만 평균 8~12%의 판매 수수료가 부과된다. 스마트스토어에서 부과될 수 있는 최대 수수료인 5.58%보다 높다. 5.58%나 8~12%나 크게 차이를 체감하기 어렵지만, 내가 100만 원의 물건을 팔았다고 가정해보자. 스마트스토어는 5만 8,500원의 수수료를, 오픈마켓에서는 8만~12만 원의 수수료를 내는 것이다. 당연히 단 1%의 수수료라도 간과해서는 안 된다.

표 스마트스토어 판매 수수료

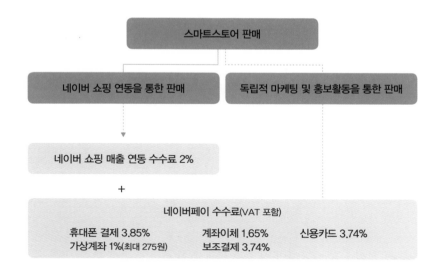

표 쇼핑몰별 부과 수수료

쇼핑몰 종류	수수료	비고
스마트스토어	3~5.85%	네이버 쇼핑 검색 연동 시 수수료
오픈마켓	8~12%	상품 카테고리별 상이
소셜커머스	5~15%	상품 카테고리별 상이
종합몰	20~40%	

초기 사업자 수수료 면제 TIP

최근 네이버 스마트스토어에서 '스타트제로 수수료 프로젝트'를 시행하고 있다. 스타트제로 수수료는 창업 초기 사업자에게 12개월간 결제 수수료를 지원함으로써 비용부담을 절감해주는 프로젝트다.

신청조건	
사업자 유형	국내사업자
사업자 승인일	간이과세자 최근 20개월 미만 일반과세자 최근 13개월 미만
사업자 상태	정상
사업자 판매등급	씨앗, 새싹

조건이 부합되는지 여부는 판매자 등급 메뉴에서 확인이 가능하다. 위의 해당 조건을 충족하는 판매자라면 수수료 혜택을 받을 수 있도록 꼭 신청하도록 하자.

스마트스토어센터 [판매자 등급] 메뉴에서 신청 가능 여부 확인 및 스타트제로 수수료 참가 신청을 할 수 있다.

네이버 마케팅에 유리한 채널 연동

스마트스토어의 강점 중 하나는 채널 연동이다. 스마트스토어에 입점함으로써 내 상품은 네이버의 다양한 채널에 노출될 수 있다. 지금부터 차근차근 알아보도록 하자.

첫 번째로는 무료로 네이버 쇼핑에 상품을 노출시킬 수 있다. 개인몰에 등록된 상품을 네이버 쇼핑에 노출하기 위해서는 기본적으로 네이버 쇼핑 파트너센터를 통한 카테고리 매칭 작업이 필요하며, 상위노출이 되려면 더 세부적인 작업을 해야 한다. 그러나 스마트스토어에 등록된 상품은 '상품등록 시 상품 노출' 항목에 표시만 해준다면 해당 상품은 네이버 쇼핑에 바로 노출시킬 수 있다.

또한 네이버 쇼핑 영역에 내 상품과 함께 스토어 이름 및 상품 관련 정보가 노출되어, 해당 상품뿐만 아니라 내 스토어를 직접 방문해 검색에 노출된 상품 외에 스토어에 등록되어 있는 다른 상품을 둘러볼 수 있다. 스마트스토어의 다양한 마케팅 도구를 활용한다면 방문자의 관심상품 외에 다른 상품까지 추가로 구매를 유도할 수 있는 것이다.

두 번째로 네이버 쇼핑을 제외한 다양한 영역에서 상품을 노출시킬 수 있다. 많은 판매자들은 스마트스토어에 등록한 상품은 네이버 쇼핑 검색결과에서만 노출된다고 생각한다. 그러나 판매자들이 상품을 등록할 때 어떻게 등록하느냐에 따라 쇼핑 외의 영역에서도 상품을 노출시킬 수 있다.

대표적인 예로 스마트스토어에 상품등록 시 예전에는 단순 이미지만 첨부하는 기능만을 제공했다면 현재는 짧은 상품 홍보 동영상을 등록할 수 있다. 이때 함께 등록된 동영상은 네이버 쇼핑 검색 영역에서는 아직 큰 활약을 보이지 않지만, 네이버 통합 검색결과 항목 중 '동영상' 영역에 노출되는 것을 확인할 수 있다.

또 네이버에서는 모두(Modoo!)를 이용해 누구나 쉽게 홈페이지를 만들 수 있는 서비스를 제공한다. 회사를 홍보할 수 있는 용도로 홈페이지를 사용할 수도 있지만, 모두에서 제공되는 스토어 기능을 스마트스토어와 연동하면 스마트스토어에 등록된 상품들을 쉽고 빠르게 홈페이지와 연결할 수 있다. 다시 말해 모두를 이용해 홈페이지를 제작해 상품을 연동하면 네이버 검색결과 웹사이트 영역에서 함께 노출되므로, 단순 방문자가 구매자로도 연결될 수 있다.

스마트스토어의 상품 상세보기 페이지에 있는 SNS 공유 버튼을 이용하면 네이버 블로그, 카페, 밴드 등 스토어의 잠재고객들이 모여 있는 곳에서 상품을 활발하게 홍보할 수 있다. 직접적인 홍보뿐만 아니라 상품의 리뷰나 소개 글을 활용해 간접 홍보를 병행한다면 상품 키워드 검색 시 관련 콘텐츠가 다양한 영역에서 검색결과로 노출될 수 있기 때문에 바이럴마케팅

파워컨텐츠 Beta '**불교용품**' 관련 광고입니다. ⓘ   파워컨텐츠 등록 ›

슬기로운 불교용품, 부적 탐구생활 2020.05.06.
불교용품이나 부적을 알아보고 계신가요 아무리 꼼꼼히 알아보고여기저기 비교해봐도 **불교용품**이나 부적은 자칫 잘못하면 손해를보기 십상입니다 지금부터 **불교용품**...
오만물 https://blog.naver.com/asan0036

동영상   동영상 신고하기

불교용품 판매
무속인 … 네이버 카페
2019.11.28.

엔도씨 레이저 마킹:
불교용품 부처님...
자연 … 네이버 블로그
2019.11.16.

수제 요가 명상 소리
그릇 사발 세트 티벳
코스 … 스마트스토어
▷ 149 2019.10.01.

불교용품 부처님 석
가탄신일 단주 염주
다잘 … 스마트스토어
▷ 13 2020.04.28.

그림 **네이버 통합 검색결과 동영상 영역**

수단으로 활용할 수 있다.

세 번째는 간편하게 결제할 수 있는 네이버페이다. 네이버페이는 네이버 쇼핑이나 콘텐츠 구매 시 은행계좌나 체크카드 또는 신용카드를 미리 등록해두고 등록한 결제수단을 통해 결제하는 간편 결제 서비스다. 사용자들은 스마트스토어에 등록된 상품을 구매할 때나 그 외에 네이버 서비스를 구매할 때 네이버페이를 이용해 결제할 수 있다.

판매자 입장에서는 네이버페이를 이용해 쉽고 빠르게 고객들이 상품을 구매할 수 있다는 점뿐만 아니라, 네이버페이 포인트를 이용해 고객들에게 리뷰 마케팅, 찜 마케팅 등 다양한 마케팅 수단으로써 활용할 수 있어 집중해야 한다. 고객 입장에서는 그동안 모은 포인트를 사용할 수 있을 뿐만 아니라 다양한 혜택도 제공되기 때문에라도 네이버페이를 사용하게 된다. 구매자 입장에서도 판매자 입장에서도 꼭 필요한 기능이라고 하겠다.

네 번째는 영상과 쇼핑을 결합한 라이브 커머스다. 라이브 커머스는 온라인 쇼핑과 오프라인 쇼핑의 융합된 형태로 새로운 쇼핑 트렌드로 자리매김하고 있다. 현재 우리 사회에 언택트 소비문화가 일상으로 스며들면서 온라인 쇼핑에서도 급부상하고 있다. 이에 네이버는 스마트스토어 판매자들에게 라이브 커머스 툴을 제공함으로써 실시간으로 상품을 고객들에게 소개할 수 있도록 했다. 고객은 매장을 직접 방문하지 않아도 영상을 통해 상품을 간접경험할 수 있으며, 구매 전 상품을 꼼꼼하게 확인할 수 있다는 장점이 있다. 판매자는 고객들의 반응을 실시간으로 확인할 수 있고 소통을 통해 고객에게 정확한 정보를 전달할 수 있다는 장점이 있다.

스마트스토어는 이런 다양한 기능과 편의를 제공하기 때문에 초보 판매자도 쉽게 스토어를 개설해 상품을 판매할 수 있다. 그러니 더 이상 어

그림 라이브 커머스

떤 채널에서 어떻게 판매할지 고민하지 말자. 스마트스토어에 입점하기
로 결정했다면 이제 고민의 포인트는 판매 시장이 아닌 팔아야 할 상품
이다.

이 책으로 쉽게 스마트스토어
를 시작할 수 있었어요!
aor*** | 20??.05.?5

보안전문가 바이럴 마케팅

SMARTSTORE

⊕ 스토어찜 5,485   톡톡

S M A R T S T O R E

Continue

Part 2

스마트스토어의 시작
스마트스토어센터

스마트스토어 성공을 위한 필수 요소

창업을 결심한 사람이라면 대부분 어디에 매장을 열 것인가를 먼저 결정하기보다, 어떤 아이템으로 창업할 것인가를 먼저 고민한다. 그렇게 아이템을 결정한 다음에야 주변 상권 분석, 동종 업계 분석, 매출 분석, 타깃 분석 등 다양한 분석을 진행한다. 온라인 시장도 마찬가지다. 일단 온라인에서 물건을 판매하기로 결심한 판매자라면 당장 어떤 플랫폼에서 내 상품을 등록하고 판매할 것인가를 고민하기보다도 어떤 아이템을 팔아야 할 것인가를 먼저 고민해야 한다. 어디에서 누구에게 상품을 판매할 것인가는 그다음으로 결정해야 할 사항이다.

그렇다면 우리는 온라인에서 어떤 상품들을 팔아야 할까? 무조건 아무 상품이나 올려놓는다고 잘 팔릴까? 이제 아이템부터 전략적으로 접근해 보자.

아이템 선정 1단계: 탐색

스마트스토어에 상품을 판매하고자 하는 판매자는 크게 두 부류로 나눌 수 있다. 실제 판매할 아이템을 가지고 있는 판매자와 정한 아이템은 없지만 무엇이든 온라인 쇼핑몰에서 판매하려 하는 판매자다.

이미 아이템이 있는 판매자는 실제 오프라인 매장을 운영하고 있거나 주변에서 또는 본인이 직접 제조, 생산 및 유통을 하는 경우, 이미 많은 고민과 검색 끝에 팔고자 하는 아이템을 선정한 경우 이 부류에 포함된다고

표 판매자별 마케팅 전략

구분		전략
판매 경험 있음	**오프라인 매장 있음**	• 스마트스토어와 쇼핑윈도 입점을 통한 양방향 마케팅 시도 • N쇼핑드라이브를 통한 라이브 커머스 진행
	오프라인 매장 없음	• 키워드 분석 도구를 활용한 상품 분석 후 온라인 시장 진입 • SNS를 활용한 마케팅 시도
판매 경험 없음	**초기 시장 진입 아이템** (제조/중소기업체)	• 상품등록과 동시에 인스타그램, 페이스북, 블로그 등 다양한 SNS를 통한 공격적인 마케팅 시도 • 혜택 제공 이벤트 및 리뷰 이벤트를 효율적으로 활용
	온라인에서 잘 팔리는 아이템 (양말, 핫팩 등)	• 최저가 전략과 함께 미끼상품을 통해 다른 상품까지 구매를 이끌어낼 수 있는 마케팅 시도 • 세부 키워드 분석을 통해 상위노출 전략 시도 • 트렌드를 분석해 아이템에 반영
	다양한 상품을 보유	• 쇼핑몰 내에서 구색 맞추기와 적절한 상품 구성을 통한 판매 시도 • 상품을 활용한 콘텐츠 제작에 중심을 둔 마케팅 시도

볼 수 있다. 이런 판매자는 아이템 선정에 대한 고민을 하는 데 시간을 줄일 수 있지만 그만큼 내가 가지고 있는 상품으로 어떻게 시장에 진입할 것인가에 대한 전략을 수립하는 부분에 대한 어려움이 있다.

스마트스토어 또는 그 외 온라인 쇼핑몰을 통해 아이템을 판매하고 싶지만 뭘 팔아야 할지 모르겠거나 팔고자 하는 아이템이 없다면, 팔고자 하는 아이템을 찾는 것이 가장 우선시되어야 할 것이다. 뭘 팔아야 할지 결정을 해야 이후에 수반되는 작업들, 즉 브랜드 네이밍, 판매 전략, 마케팅 전략 등을 수월하게 진행할 수 있으니 말이다.

그럼 아이템은 어디서 찾아야 할까? 지금부터 알아보도록 하자.

☑ 좋아하는 분야에서 찾기

아이템을 찾는 방법 첫 번째는 내가 좋아하는 분야에서 아이템을 찾는 것이다. 실제로 뜨개질이나 비누공예, 핸드메이드 소품 등 다양한 취미를 가지고 있는 사람들이 있다. 만약 내가 이런 취미가 있다면, 이를 사업화해보자. 내가 만든 제품을 완제품으로 판매를 하는 것도 하나의 방법이고 반제품 형태로 구매자가 직접 구매 후 만들 수 있도록 패키지로 판매하는 것도 하나의 방법이 될 수 있다.

이런 취미가 없다고 하더라도 내가 좋아하는 분야 또는 관심 있는 분야가 있다면 그 안에서 판매 아이템을 찾을 수 있다. 이럴 경우 가장 큰 장점은 그 분야에 대한 관심도가 전문성과 연결될 수 있기 때문에 상품 구성뿐만 아니라 CS에서도 판매자의 전문적인 면모를 보여줄 수 있다는 것이다.

☑ 잘 아는 분야에서 찾기

아이템을 찾는 방법 두 번째, 좋아하지 않아도 내가 잘 아는 분야에서 아이템을 찾는다. 누구나 하나쯤 잘 아는 분야가 하나씩은 있을 것이다. 예를 들어 판매자가 캠핑용품 판매 회사에서 근무한 적이 있다면 전문가 못지 않게 캠핑용품에 대해 잘 알 것이고, 의류업체에 근무한 경험이 있다면 부자재 사업이나 원단 등과 같은 분야에 대해 잘 알 것이다. 자신이 관련 업체에 종사하지는 않았더라도 부모님이나 가족 또는 지인이 제조, 생산, 유통을 한다면 그 분야에 대한 정보는 일반 판매자들보다 더 깊이, 더 많이 알 수 있다. 이런 경험을 살리거나 주변 인맥을 총동원해 아이템을 선정하는 것도 하나의 방법이 될 수 있다.

이때의 가장 큰 장점은 초기 아이템 선정부터 시작해야 하는 판매자들보다 쉽고 빠르게 이커머스 시장에 진입해 판매 경험을 할 수 있다는 점이다. 또 상품을 지속적으로 공급해줄 수 있는 안정적인 사입처가 될 수 있기에 주변 인맥을 최대한 활용해보는 것이 좋다.

☑ 인기 분야에서 찾기

아이템을 찾는 방법 세 번째는 현재 온라인에서 잘 팔리고 있거나 또는 잘 팔릴 가능성이 있는 아이템을 찾는 것이다.

이미 각 온라인 쇼핑몰에서 다양한 형태와 방법으로 구매자들이 온라인에서 많이 찾는 아이템, 즉 잘 팔리는 아이템이 어떤 아이템인지 알려주고 있다. 하지만 실제 우리는 어디서 그런 아이템을 봐야 하는지 모르는 경우가 대부분이다. 만약 온라인 판매를 하고 싶지만 취미도 없고, 잘 아는 분야도 없고, 개인적으로 사입할 루트가 없는 판매자라면 이 방법을 사용해

그림 **각 사이트의 베스트 영역**

서 자신에게 맞는 아이템을 찾아보자. 그렇다면 잘 팔리는 아이템들은 어디에서 볼 수 있을까?

온라인상에서는 항목의 명칭은 조금씩 상이하지만 베스트 영역을 통해 사람들이 많이 구매하는 상품, 즉 현재 인기가 많이 소위 말하는 잘 팔리는 아이템을 보여준다. 네이버 쇼핑에서는 'BEST100', G마켓에서는 '베스트', 옥션에서는 '옥션베스트', 11번가에서는 '베스트' 영역이다.

각 사이트의 베스트 항목을 통해 현재 잘 팔리는 상품들을 한눈에 볼 수 있으며, 각각의 상품 카테고리를 하면 해당 카테고리에서 잘 팔리는 상품들을 한눈에 볼 수 있다. 이 상품들은 현재 해당 쇼핑몰에서, 쇼핑몰 내 카테고리에서 상품 하나하나를 주의 깊게 살펴볼 필요가 있다.

아이템 선정 2단계: 상품 키워드 작성

앞서 각 쇼핑몰의 베스트 영역을 통해 잘 팔리는 상품이 어디에서 노출되었는지 확인을 했다면 이제부터 각 상품에 대한 분석이 필요하다. 간혹 '1위에 노출되는 상품을 그대로 소싱해서 판매하면 잘 팔리지 않을까?' 하고 생각하는 판매자가 있는데, 이런 생각은 매우 위험하다. 왜냐하면 내가 등록한 상품이 검색결과의 상위에 노출되지 않고 10페이지 혹은 그 이상, 즉 방문자 유입이 어려운 페이지에 노출될 수 있는 상황을 고려해야 하기 때문이다. 또 지금은 잘 팔리고 있는 상품일지라도 일주일 후 이주일 후에는 1위로 판매될 상품이 아닐 수 있다. 그렇기 때문에 무조건 1위 상품을 그대로 소싱해 판매하기보다 정확한 데이터 분석을 통해 잘 팔릴 수 있는 아이템을 선정하는 과정이 무엇보다도 필요한 것이다.

그렇다면 우리는 어떤 부분의 상품 키워드를 분석해야 할까? 지금부터 함께 알아보도록 하자.

☑ 네이버 쇼핑 인기 검색어

첫 번째로 초보자라면 가장 쉽게 접근할 수 있는 영역이 네이버 쇼핑 BEST100 영역의 인기 검색어 항목이다. 카테고리 구분 없이 상품 키워드가 노출되기 때문에 카테고리를 선정하기 전 판매자라면 해당 인기 검색어는 반드시 분석해야 한다. 다만 카테고리 선택 전에 보이는 인기 검색어는 상위 10개밖에 노출되지 않기 때문에 많은 키워드를 보기는 조금 어렵다.

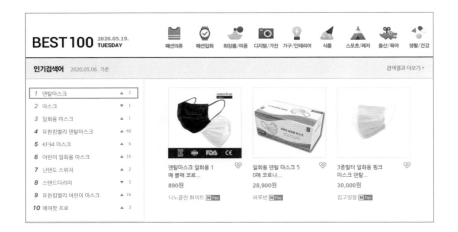

그림 네이버 쇼핑의 인기 검색어

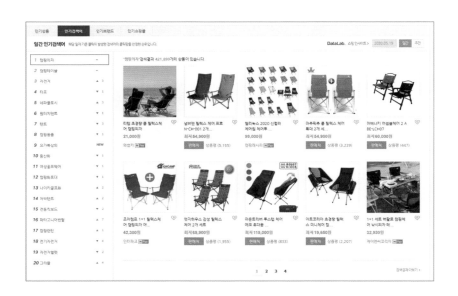

그림 카테고리 내 인기 검색어

그러나 특정 카테고리를 선택해서 키워드를 보게 되면 이야기는 달라진다. 관심 있는 카테고리나 이미 판매하려고 했던 카테고리가 있다면 상단에 보이는 1차 카테고리명을 클릭해보자. 1차 카테고리를 선택하는 것만으로도 이전보다 더 다양한 인기 검색어를 확인할 수 있다. 1차 카테고리를 클릭하면 1차 카테고리 내에 선택할 수 있는 2차 카테고리들이 나열된다. 2차, 3차 카테고리까지 디테일하게 클릭해서 노출 상품 키워드를 분석한다면 좀 더 구매전환율이 높은 키워드를 추출할 수 있다. 이런 키워드들을 엑셀로 정리해두고 하나하나 분석한다면 소위 말하는 대박 아이템을 찾을 수도 있으니 꾸준히 키워드를 정리하고 분석하도록 하자.

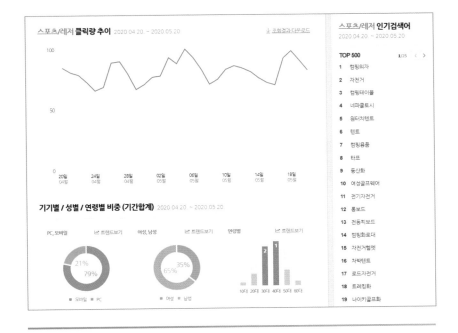

그림 네이버 데이터랩의 인기 검색어

더 많은 키워드가 보고 싶다면 네이버 데이터랩에서 확인할 수 있으니 이 부분 참고하도록 하자.

☑ 네이버 데이터랩의 쇼핑인사이트

두 번째 영역은 앞에서 잠깐 언급되었던 네이버 데이터랩(datalab.naver. com) 내의 쇼핑인사이트다. 쇼핑인사이트 영역의 경우 직접적으로 상품 키워드를 볼 수 있는 영역 중 하나로, 실제 네이버 쇼핑의 BEST100의 키워드 영역에서 다이렉트로 연결되는 화면이기도 하다.

네이버 쇼핑 BEST100에서는 바로 확인할 수 있는 키워드가 10개밖에 없었다면 쇼핑인사이트를 통해서는 최대 500개의 키워드 목록을 확인할 수 있다. 상품 키워드뿐만 아니라 해당 카테고리에 대한 기기별, 연령별, 성별 등의 상세한 분석 데이터를 직관적으로 볼 수 있도록 제공하고 있다. 추가로 쇼핑인사이트 역시 1차 카테고리뿐만 아니라 2차, 3차 카테고리를 선택하면 카테고리명 키워드가 아닌 구매전환율이 높은 상품 키워드를 볼 수 있다는 장점도 있다. 카테고리 키워드에 집중하기보다는 상품 키워드에 집중해 키워드를 수집하도록 하자.

네이버 데이터랩 메인 페이지의 쇼핑인사이트 영역을 통해서도 키워드를 볼 수 있다. 쇼핑인사이트 페이지에서는 카테고리별로 일간, 주간, 월간 데이터를 한눈에 볼 수 있다는 장점이 있지만, 1차 카테고리 내에서의 인기 검색어만 주로 보인다는 단점도 있다. 그러다 보니 대부분 보이는 키워드가 카테고리 키워드인 경우가 많아 실제 구매전환을 일으키는 상품 키워드를 찾아내기는 충분하지 않다. 하지만 현재 검색량이 많은 3차 카테고리를 찾는 데 효율적으로 활용할 수 있다.

그림 네이버 데이터랩의 쇼핑인사이트

　　네이버 데이터랩 메뉴 중 급상승 검색어는 우리가 흔히 알고 있는 예전의 실시간 검색어 영역이다. 급상승 검색어는 분야별로, 연령대별로 현재 이슈가 되고 있는 키워드를 검색 설정에 맞춰 확인할 수 있다는 장점이 있다. 예전에 실시간 검색어라는 이름으로 서비스되었을 때보다 세부적인 설정으로 다양한 키워드를 볼 수 있다는 장점이 있다. 단점으로는 설정할 수 있는 옵션에서 쇼핑 항목이 없다 보니 대부분의 키워드가 쇼핑과 연결되지는 않는다. 그럼에도 불구하고 해당 영역을 꾸준히 참고하라고 이야기하는 이유는 상세 옵션에 따라 트렌드를 분석하거나 이슈 상품을 확인하기에는 최적의 영역이기 때문이다.

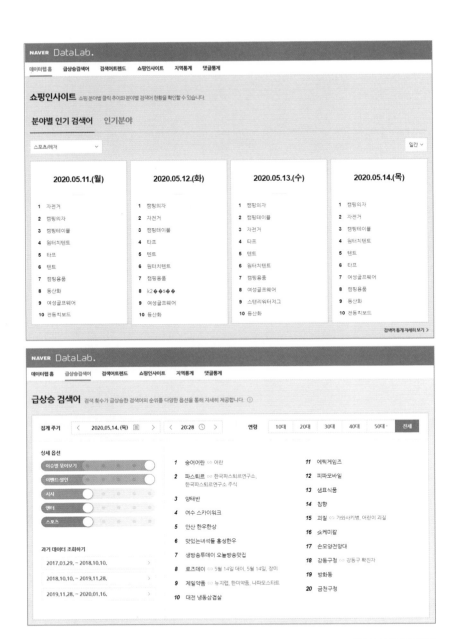

그림 네이버 데이터랩의 인기 검색어(위)와 급상승 검색어(아래)

☑ 자동완성 검색어

세 번째로 네이버 자동완성 검색어를 이용해 키워드를 찾을 수 있다. 네이버 검색창에 키워드를 입력하면 입력한 키워드와 관련된 검색어들이 함께 노출되는데 이것이 자동완성 검색어다. 노출되는 키워드는 경우에 따라 카테고리 키워드가 되기도 하고, 구매전환 키워드 또는 정보성 키워드가 되기도 한다. 하나의 키워드만 분석하지 말고 함께 노출되는 자동완성 검색어도 함께 분석해보자.

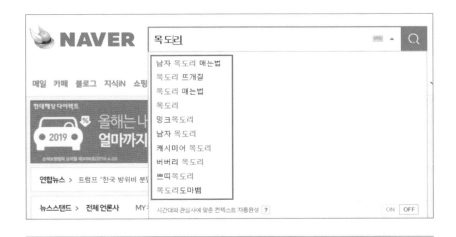

그림 네이버 자동완성 검색어

☑ 연관 검색어

네 번째로 연관 검색어 영역에서도 키워드를 찾을 수 있다. 연관 검색어는 검색한 키워드인 '쁘띠목도리'와 함께 사용자들이 많이 검색했던 키워드를 토대로 노출해주는데, 여기서 노출되는 키워드 중에서도 상품 키워드로 분류할 수 있는 내용들이 노출된다. 이때 노출되는 키워드를 분류 후 분석한다면 좋은 키워드를 찾아낼 수 있는 영역이기도 하다.

최근에 연관 검색어 영역은 검색 키워드의 속성에 따라 노출 위치가 달라졌다. 검색 키워드가 정보성 키워드의 경우 노출 위치는 기존과 동일한 검색창 하단에 노출되지만, 검색 키워드가 상품 키워드인 경우에는 연관 검색어 노출 위치는 통합 검색결과 페이지 맨 하단에 노출되므로 이 점 참고하도록 하자.

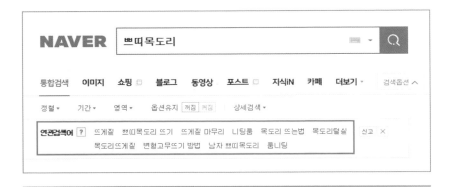

그림 **통합 검색결과에서의 연관 검색어 영역**

☑ 쇼핑연관 키워드

다섯 번째로 쇼핑연관 키워드 영역이다. 쇼핑연관 키워드는 키워드 검색을 하지 않은 상태에서는 노출되지 않는 정보다. 내가 관심 있는 상품 키워드이거나 판매하고자 하는 상품 키워드를 검색창에 검색해보면 검색창 하단으로 쇼핑연관 영역에 키워드가 노출되는 형태다. 이 키워드는 상품을 구매하고자 하는 구매자가 현재 상품 키워드인 '원피스'와 함께 검색한 키워드들이기 때문에 실제 구매를 일으키는 구매 키워드로 분리될 수 있을 수 있고, 뜻하지 않게 상품 키워드를 발견할 수 있는 부분이기도 하다.

그림 쇼핑연관 키워드

☑️ 검색결과 영역의 키워드 추천

마지막으로 쇼핑 검색결과 영역에서 키워드 추천 항목을 통해 확인할 수 있다. 여기에 노출되는 키워드는 실제 검색어인 '뜨개가방' 키워드와 함께 가장 많이 검색된 키워드를 보여준다. 네이버가 추천해주는 영역이라고 할 수 있다.

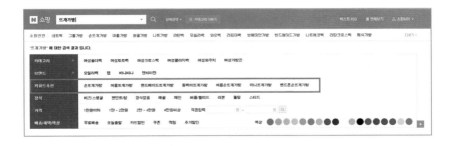

그림 키워드 추천

이렇게 네이버 쇼핑 또는 데이터랩에서 수집한 상품 키워드는 현재 잘 팔리고 있는 상품을 분석해 파악할 수 있지만, 추가로 우리가 몰랐던 새로운 상품들을 발굴해낼 수도 있기 때문에 아이템이 결정되기 전까지 꾸준히 키워드 수집을 진행하도록 하자.

아이템 선정 3단계: 다양한 도구를 활용한 키워드 분석

네이버 쇼핑 BEST100 및 연관 키워드 영역과 데이터랩 인기 검색어 영역을 통해 상품 키워드를 수집하고, 수집한 키워드를 목록으로 작성했다면 그다음에 해야 할 일은 수집한 키워드 목록의 내용을 다양한 분석 도구로 분석하는 것이다.

분석 목적은 잘 팔릴 수 있는 아이템을 골라내는 것과 동시에 시장에 진입해야 하는 시기 또는 잘 팔리는 시점까지도 미리 분석해내는 것을 목표로 생각하고 분석을 진행해야 한다.

☑ 네이버 데이터랩

이미 앞에서도 언급되었던 네이버 데이터랩은 단순히 키워드만 찾아내는 도구가 아닌 키워드에 대한 상세한 분석이 가능한 분석 도구다.

NAVER DataLab.

데이터랩 홈   급상승검색어   검색어트렌드   쇼핑인사이트   지역통계   댓글통계

검색어트렌드 네이버통합검색에서 특정 검색어가 얼마나 많이 검색되었는지 확인해보세요. 검색어를 기간별/연령별/성별로 조회할 수 있습니다.

궁금한 주제어를 설정하고, 하위 주제어에 해당하는 검색어를 콤마(,)로 구분입력해 주세요. 입력한 단어의 추이를 하나로 합산하여 해당 주제가 네이버에서 얼마나 검색되는지 조회할 수 있습니다. 예) 주제어 캠핑 : 캠핑, Camping, 캠핑용품, 겨울캠핑, 캠핑장, 글램핑, 오토캠핑, 캠핑카, 텐트, 캠핑요리

주제어1	주제어 1 입력	⊗	주제어 1에 해당하는 모든 검색어를 콤마(,)로 구분하여 최대 20개까지 입력	⊗
주제어2	주제어 2 입력	⊗	주제어 2에 해당하는 모든 검색어를 콤마(,)로 구분하여 최대 20개까지 입력	⊗
주제어3	주제어 3 입력	⊗	주제어 3에 해당하는 모든 검색어를 콤마(,)로 구분하여 최대 20개까지 입력	⊗
주제어4	주제어 4 입력	⊗	주제어 4에 해당하는 모든 검색어를 콤마(,)로 구분하여 최대 20개까지 입력	⊗
주제어5	주제어 5 입력	⊗	주제어 5에 해당하는 모든 검색어를 콤마(,)로 구분하여 최대 20개까지 입력	⊗

기간   전체 1개월 3개월 1년 직접입력   일간 ∨

2019 ∨ 05 ∨ 20 ∨ ─ 2020 ∨ 05 ∨ 20 ∨

· 2016년 1월 이후 조회할 수 있습니다.

범위   전체 모바일 PC

성별   전체 여성 남성

연령선택   전체
~12 13~18 19~24 25~29 30~34 35~39 40~44 45~49 50~54 55~60 60~

그림 데이터랩 검색어 트렌드

검색어 트렌드를 통해 키워드를 검색하기 위해서는 주제어(내가 검색하고자 하는 키워드)를 입력한 후 기본 검색 기간, 범위, 성별, 연령 등의 내용을 입력한 후 키워드 상세내역을 조회할 수 있다. 만약 각 항목을 하나씩 다 설정하기 어렵다면 주제어와 기간만이라도 꼭 입력해서 데이터를 조회해보도록 하자.

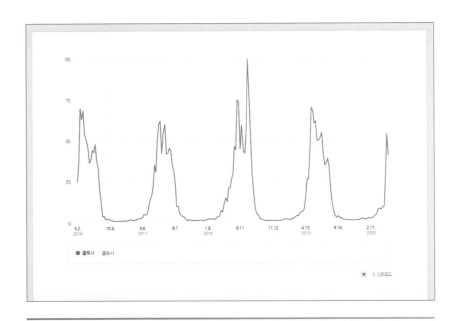

그림 검색어 트렌드 결과 '쿨토시'

위의 분석 데이터는 '쿨토시' 키워드를 분석한 결과다. 데이터랩 그래프를 통해서 보면 쿨토시의 경우 반복패턴성 그래프로 주로 순환적 상품에서 볼 수 있는 패턴이다. 3월 초부터 검색량이 증가해 6~7월 사이에 정점을 찍고 8월부터는 그래프의 하락세를 보이는 패턴이다. 이런 패턴은 주로 시즌상품에 나타나는 패턴이기 때문에 만약 쿨토시를 판매하고자 하는 판매자라면 적어도 2월까지는 판매상품을 준비하고, 3월 초에는 상품 등록을 완료해 판매를 준비해야 한다는 것을 알 수 있다.

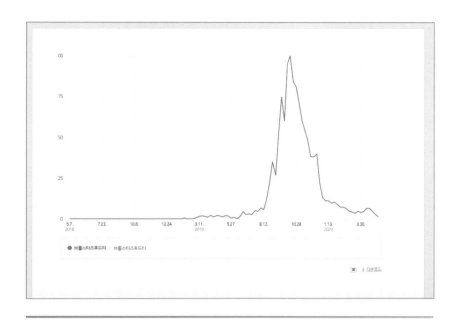

그림 검색어 트렌드 결과 '브롤스타즈후드티'

위는 2019년 선풍적인 인기를 끌었던 '브롤스타즈후드티' 키워드다. 이 키워드를 분석해보면 이전에는 검색량이 없다가 갑자기 검색량이 증가했다 감소하는 패턴을 보이며, 이후 이렇다 할 만한 증가 패턴을 보이지는 않다. 이런 패턴의 상품은 단발성 이슈 상품이라고 할 수 있다. 만약 '지난해에 많이 팔렸으니, 올해도 한번 팔아볼까?' 하는 판매자가 있다면, 이 아이템은 조금 신중하게 고민해볼 필요가 있을 것이다. 그러나 만약 작년 8월쯤 이 아이템을 준비하고 판매했던 판매자라면 소위 말하는 대박 아이템을 잡았다고 할 수 있다.

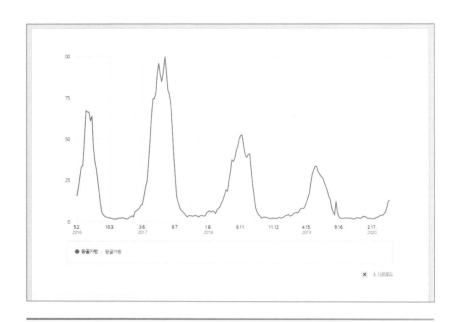

그림 검색어 트렌드 결과 '왕골가방'

왕골가방 키워드를 검색한 그래프다. 왕골가방의 경우 2017년 여름에 검색량의 최고치를 보여준 키워드로 2017년 이후부터는 검색량은 있지 만, 2017년 대비 점차 줄어들고 있는 그래프 양상을 볼 수 있다. 이것은 대 표적인 하락 패턴이라 볼 수 있으며, 내가 검색한 키워드가 하락 패턴을 보 이는 형태라면 그 상품은 대박을 치기 어려운 상품이라 볼 수 있다.

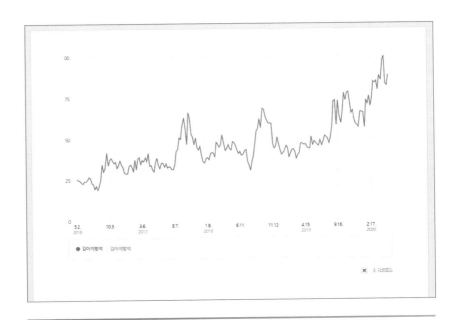

그림 **검색어 트렌드 결과 '강아지방석'**

강아지방석 키워드의 경우 검색량이 지속적으로 상승하고 있는 상승패턴 그래프다. 이런 경우라면 적어도 내가 판매하고자 하는 시점과 앞으로의 판매 가능성을 봤을 때 좋은 상품으로 볼 수 있겠다.

이 외의 패턴은 제품 수명주기를 나타나는 그래프 패턴을 참고하여 데이터랩의 그래프를 분석해본다면 상품의 판매 가능성 및 판매 시점 등을 가늠할 수 있을 것이다.

표 제품의 수명주기 형태 그래프

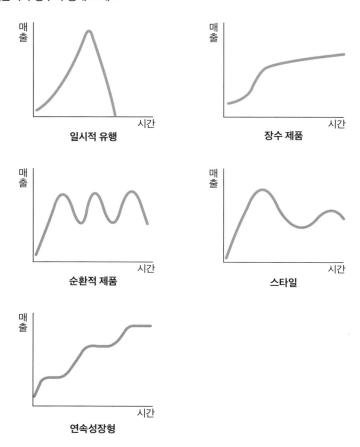

앞에서 데이터랩을 통해 아이템별 다양한 그래프 패턴을 확인했다. 이 외에도 아이템에 따라, 검색 시기에 따라, 타깃에 따라 그래프의 양상은 다르게 보일 수 있다. 그렇기 때문에 많은 키워드를 분석하고, 보이는 결과 그래프를 통해 판매 진행 여부 및 상품 시장 진입 시기 등을 찾아 아이템을 찾도록 하자.

☑ 네이버 광고의 키워드 분석 도구

잘 팔리는 상품을 찾는 방법 중 하나는 네이버 광고(searchad.naver.com)에서 제공하는 키워드 분석 도구를 이용하는 것이다. 네이버 광고는 네이버 아이디로도 쉽게 가입할 수 있다. 판매하고자 하는 상품을 찾는 단계 외에도 판매하고자 하는 상품 키워드를 조사할 때도 사용할 도구이므로, 사전에 가입하도록 하자.

그림 네이버 광고

네이버 광고 로그인 후 오른쪽 '광고시스템' 아래 [키워드도구]를 클릭하면 키워드를 검색해볼 수 있는 키워드 도구 화면으로 이동한다.

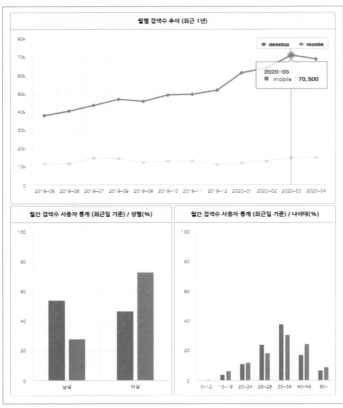

그림 키워드 도구에 '캣타워'를 조회한 결과

'캣타워'라는 키워드를 넣고 조회해보면 월간 검색수, 월평균 클릭수, 월평균 클릭률, 경쟁 정도 등 키워드에 대한 정보를 볼 수 있다. 월간 검색수의 경우 한 달 동안 해당 키워드가 PC와 모바일에서 얼마나 검색되었는가를 볼 수 있는 지표다. '월간 검색수/30일'을 해보면 대략 하루평균 해당 키워드가 얼마나 검색되는가를 유추해볼 수 있다. 키워드에 따라 데이터랩에서의 검색결과 그래프는 나쁘게 보이지 않지만 키워드 조회에서 검색수가 좋지 않을 수 있기 때문에 데이터랩과 함께 키워드를 꼭 조회해볼 필요가 있다.

노출되는 키워드를 클릭하면 월별 검색 추이와 월별 사용자 통계로 성별, 연령대별로 데이터를 보여준다.

☑ 구글 트렌드

네이버에 데이터랩이 있듯이 구글에도 데이터 정보를 제공하는 서비스가 있다. 바로 구글 트렌드(trends.google.co.kr/trends/?geo=KR)다. 네이버 데이터랩은 네이버 사용자들의 데이터이기 때문에 해외보다는 국내 시장에 맞는 상품에 대한 내용이나 키워드들을 추출할 수 있다. 반면 구글 트렌드는 전 세계 사용자들을 대상으로 하기 때문에 네이버 데이터랩보다 조금 더 광범위한 키워드를 확인할 수 있다.

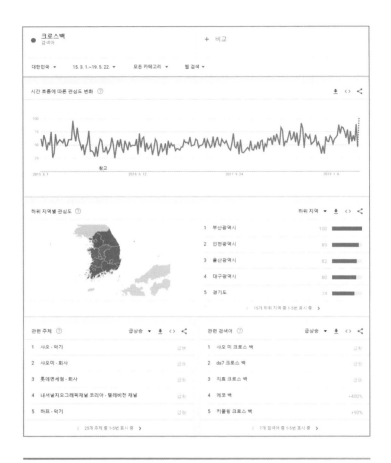

그림 '크로스백' 키워드에 대한 구글 트렌드 결과

구글에 '크로스백'이라는 키워드를 검색해보자. 해당 키워드의 검색이 가장 많이 일어난 지역에 대해 분석해주기도 하며, 관련 검색어를 보여주기도 한다. 이때 관련 검색어를 분석해보면 현재 이슈가 되고 있는 상품 키워드를 뽑아낼 수 있다. 이는 추후 아마존이나 이베이와 같은 해외 시장에 상품을 등록할 때 키워드로 활용할 수 있다.

☑ 썸트렌드(SomeTrend)

썸트렌드(some.co.kr)는 다음에서 제공하는 빅데이터 분석툴로 해당 검색 키워드에 대한 검색량 및 연관 키워드에 대한 데이터를 보여준다. 그뿐만 아니라 소셜미디어에 해당 키워드로 등록된 글을 분석해 검색 키워드에 대한 사람들의 반응을 그래프 형태의 데이터로 제공하다. 해당 키워드로 등록되는 SNS를 통해 사람들의 반응까지 분석해 보여주기 때문에 초기 시장진입이나 시장진입 이후 제품 마케팅 시 활용하면 좋은 사이트다.

그림 **다음 썸트렌드 '이슈 분석'**

이런 다양한 도구를 활용해 우리가 해야 할 것은 단순한 키워드 검색이 아니다. 판매 아이템 발굴뿐만 아니라 시장진입 시기 분석, 더 나아가서 마케팅 전략까지 수립하기 위해서는 검색 후 검색결과에 대한 분석이 함께 이루어져야 한다. 또한 키워드별로 검색 시 노출되는 상품의 수뿐만 아니라 어떠한 상품들이 노출되는가에 대한 분석, 즉 상품에 대한 분석까지 함께 이루어진다면 자신에게 맞는 상품을 찾아낼 수 있을 것이다.

스토어 개설을 위한 판매자 가입

스마트스토어를 개설하기 위해서 먼저 알아야 할 곳은 상품을 등록하고 관리할 수 있는 스마트스토어센터다. 실제 등록하고 판매되는 상품의 관리뿐만 아니라, 스토어에 대한 관리, 판매자 정보 관리 등 판매와 관련된 전반적인 작업이 스마트스토어센터에서 이루어진다. 네이버 검색창에 '스마트스토어센터'를 검색하거나 스마트스토어센터(sell.smartstore.naver.com)로 접속한다.

스마트스토어센터에 접속했다면 [판매자 가입하기] 버튼을 클릭해 판매자 신규가입을 진행해보자. 이미 가입이 되어 있는 상태라면 [로그인하기] 버튼을 눌러 로그인한다. 이제 스마트스토어를 운영하기 전 워밍업은 끝났다. 본격적으로 스마트스토어를 개설해보자.

판매자 가입 첫 번째, 판매자 유형 선택

☑ 판매자 유형

스마트스토어 판매자 유형은 3가지로 분류된다. 사업자 등록 없이 상품을 판매할 수 있는 개인 판매자, 개인 및 법인 사업자로 신고하고 판매하는 사업자 판매자, 해외 거주국가에 사업자를 가진 해외사업자 판매자다. 각 판매자 유형에 따라 스토어 개설을 위해 구비해야 할 서류가 다르기 때문에, 내가 어떠한 판매자로 가입할 것인가를 고민해보아야 한다.

① 개인 판매자: 아직 사업자를 등록하지 않은 경우 선택한다. 사업 시작 초기에 이커머스 시장이 자신과 맞는 시장인가를 분석하거나 자신이 판매하고자 하는 아이템에 대한 확신이 부족할 때, 개인 판매자로 가입한 후 일정 기간 판매를 경험해보는 것도 좋다. 개인 판매자로 가입하더라도 추후에 사업자등록을 한 후 사업자 판매자로 전환할 수 있다.

그림 스마트스토어센터 판매자 가입 중 판매자 유형

② **사업자 판매자:** 사업자 판매자는 이미 사업자로 등록해놓은 판매자로, 사업자등록번호 인증을 통해 가입할 수 있다. 기존에 오프라인으로 판매하던 상품이 있거나, 현재 판매하고자 하는 아이템이 명확하다면 사업자 판매자로 가입해보자. 사업자 판매자로 가입할 경우 현재 진행되고 있는 스타트제로 수수료 프로젝트 대상자에 해당되기 때문에 개인 판매자보다 조금 더 많은 혜택을 누릴 수 있다.

표 **판매자별 필수 서류**

대상		필수 서류
개인	일반	없음
	법적 미성년자 (만 19세 미만)	• 스마트스토어 법정대리인 동의서 원본 1부 • 가족관계증명서 (또는 법정 대리인 증명 서류) 사본 1부 • 법정대리인 인감증명서 1부
사업자		• 사업자등록증 사본 1부 • 통신판매업신고증 사본 1부 • 대표자/사업자/법인 명의 통장 사본 1부 • (해당하는 경우) 대표자/법인 인감증명서 사본 1부 (발급일 3개월 이내) • (해당하는 경우) 법인등기사항전부증명서 사본 1부 (발급일 3개월 이내)
해외사업자		• 대표자 해외 여권 사본 1부 • 사업자등록증 사본(미국의 경우 IRS 서류) 1부 • 해외에서 개설된 사업자 또는 법인 명의 통장(또는 해외계좌 인증 서류) 사본 1부

③ 해외사업자 판매자: 해외 거주 국가에 사업자로 등록한 경우 해외사업자 판매자로 가입한다. 해외사업자는 네이버에서 요구하는 서류를 제출한 후 서류 검토가 완료되어 가입 승인이 되면 실제 상품을 등록하고 판매할 수 있다.

어떠한 유형의 판매자가 스마트스토어에 더 유리한가에 대한 답은 없다. 중요한 것은 현재 자신의 상황을 파악하고, 자신에게 맞는 유형의 판매자를 선택한 후 가입하는 것이다. 다만 최근 6개월 동안 스토어의 판매건수가 20건 이상이 되거나 판매금액이 1,200만 원 이상이 되는 경우 통신판매업 신고를 해야 하고, 이를 위해서는 사업자등록증이 반드시 필요하다는 점을 기억해두자.

☑ 네이버 비즈니스 서비스 연결하기

비즈니스 서비스 연결을 통해 네이버 쇼핑에 등록한 상품이 노출되도록 설정할 수 있다. 또 구매자가 쉽게 판매자와 연결되도록 하는 채팅 기능인 네이버 톡톡 연결을 설정할 수 있는 영역이다. 가입 시 네이버 쇼핑, 네이버 톡톡 모두 설정하지 않아도 가입에 어려움은 없다. 초기에 설정하지 않았더라도 추후에 스마트스토어센터에서 별도로 설정이 가능하다.

네이버 비즈니스 서비스 연결하기

판매 활동에 도움이 되는 네이버의 다양한 서비스를 간편하게 연결해 보세요.
가입하신 후에도 노출채널관리 > 비즈니스 서비스 설정에서 더욱 많은 비즈니스 서비스를 설정하실 수 있습니다.

네이버 쇼핑
네이버 검색에 상품을 노출하고 싶으시면 네이버 쇼핑을 설정하세요.

대행사 선택 ⓘ
(해당하는 경우만 선택)   선택없음   ▼

네이버 톡톡
구매자와 다양하게 연결되는 네이버 톡톡을 사용해보세요. ⓘ 네이버 톡톡 알아보기

네이버 톡톡은 네이버 아이디를 이용하여 스마트스토어와 연결됩니다.

연결할 네이버 아이디: ████████

다른 아이디로 설정하시려면 네이버 아이디를 인증 해주세요. 네이버 아이디 인증하기 >

그림 네이버 비즈니스 서비스 연결하기

스마트스토어 정보 입력   ● 필수항목

입력한 스토어 정보가 노출되는 위치가 궁금하신가요? 노출위치 확인하기

스마트스토어 이름 ● ⓘ   1~14자 한글, 영문 대소문자, 숫자 가능
네이버 검색 시 검색어로도 활용되며, 가입 후 1회 수정 가능합니다.

스마트스토어 URL ● ⓘ   https://smartstore.naver.com/
2~30자 영문 소문자, 숫자, 특수문자(-, _) 가능
https://smartstore.naver.com/ 뒤에 사용하실 스토어 고유의 주소이며, 가입 후 수정 불가능합니다.

소개글 ● ⓘ   50자 내외로 입력   0/50
스토어 메인 화면 및 네이버 검색 결과 사이트 설명 글에 활용되며, 항시 수정 가능합니다.

고객센터 전화번호 ●   ████████
고객센터 전화번호는 스토어 프로필과 하단영역에 상시노출되며 구매자의 주문내역에 노출됩니다

그림 스마트스토어 정보 입력

68

판매자 가입 두 번째, 정보 입력

☑ 스마트스토어 정보 입력

스마트스토어 정보는 스토어의 가장 기본적인 정보다. 스토어 브랜딩을 위해 필요한 기본정보들이 한눈에 보이도록 세팅해야 한다. 고객들에게 직접적으로 노출되는 부분이기 때문에 신중하게 입력하도록 하자.

스마트스토어 이름: 스마트스토어 이름은 온라인 가게의 간판이라고 생각하면 된다. 이름은 스토어 브랜딩과 직결되는 부분이므로 신중하게 결정해야 한다.

스토어 이름을 결정했다면 특허정보검색서비스(kipris.or.kr)를 이용해 추후 내 브랜드로 상표등록을 할 수 있는지 함께 확인해보자.

그림 **특허정보검색서비스**

스마트스토어 이름 짓기 TIP

❶ **직관성:** 양말모아, 캠퍼스랩, 쿡툴즈와 같이 스마트스토어 이름을 들었을 때 판매자가 어떤 상품을 판매할지를 바로 연상할 수 있는 이름을 결정한다. 아이템이 이미 정해져 있는 판매자는 연상성을 이용한 브랜드명 짓기가 쉽지만 아이템이 없는 판매자들은 초반에 어려운 방법일 수 있다.

❷ **본인의 이름이나 닉네임:** 류태석의 유기농 이야기의 경우 브랜드명 앞에 본인의 이름을 넣어 지었다. 실제 판매자분 성함이 류태석 대표님이며, 판매자가 직접 전문가로 브랜딩될 수 있기 때문에 본인의 이름을 활용하는 것도 좋은 방법이다. 쑥언니의 주방이야기와 같이 이름 대신 닉네임을 사용하면 전문성에 친근함을 더할 수 있다.

❸ **지역명:** 풍천 장어이야기, 제주사랑농원 등과 같이 상호에 지역명이 들어간다면 지역 특색을 반영한 상품이라는 인식과 함께 지역에 대한 신뢰도, 지역에 대한 현장감을 전달할 수 있다.

❹ **축약어:** '키 작은 여성들을 위한 여성의류 전문 쇼핑몰 키작녀'와 같이 슬로건이나, 의미 등을 약자로 줄여 표현한다.

❺ **합성어:** 에브리휴(every+休), 블리스(loverly+style)와 같이 스마트스토어에서 추구하고자 하는 이미지를 다양한 언어의 합성어로 표현하는 것도 하나의 방법이다. 이름 자체에 브랜드의 이미지가 녹아 있어 브랜드를 인식시키기에도 좋다.

스마트스토어 URL: 스마트스토어 주소는 온라인상의 상점 주소다. 기본적으로 제공되는 도메인인 'smartstore.naver.com/' 뒷부분에 단어를 붙여서 사용할 주소를 결정하면 된다. 가장 쉽고 빠르게 짓는 방법은 스토어명을 그대로 영문으로 옮기는 것이다.

쿡툴즈 —▶ cooktools   킬벅 —▶ killbug
몽실92 —▶ mongsil92   캠퍼스랩 —▶ campuslab

이렇게 스토어명을 그대로 영문으로 옮겨 사용하기 어렵다면 스토어의 특색을 드러낼 수 있는 주소를 사용하는 것도 하나의 방법이다. 스마트스토어 주소는 가입 시 입력한 것에서 변경이 어려우니 신중하게 결정하자.

원하는 URL이 이미 선점되었다면 개인 도메인을 구매해 스토어에 연결할 수 있다. 즉 기본으로 제공되는 'smartstore.naver.com/URL'의 형태가 아닌 'www.killbug.co.kr'과 같이 별도의 도메인으로 연결하는 것이다. 개인 도메인을 연결할 경우 긴 스마트스토어 URL보다 쉽게 고객들에게 인지시킬 수 있고, 향후 개인몰을 운영할 때 해당 도메인을 개인몰로 연동할 수 있기 때문에 가급적이면 개인 도메인을 연결해 사용할 것을 권장한다.

도메인 구매 TIP

❶ 도메인 구매 시 브랜드명과 매칭될 수 있는 도메인을 구하자.

❷ '.com', 'co.kr', '한글 도메인' 중 어떤 것을 구매할 것인지 고민이라면, 확장성을 위해서라도 '.com' 도메인을 구매하도록 하자.

❸ 구매할 수 있을 때 구매하자. 현재 내 브랜드명과 동일한 도메인을 지금 아무도 사용하지 않는다고 해서 앞으로도 사용하지 않으리라는 보장은 없다. 나중에 '.com' 도메인을 사려고 할 때 누군가가 해당 도메인을 사용하고 있다면 그 도메인은 구매할 수 없기 때문이다. 따라서 원하는 도메인이 있다면 미리 선점하거나, 내가 사용하고자 하는 도메인을 누군가가 사용하고 있다면 다른 도메인을 생각해야 한다.

❹ 도메인 검색은 후이즈(whois.co.kr)나 카페24 도메인센터(www.cafe24.com/?controller=domain_search)를 통해 검색하면 사용 여부 확인 및 구매까지 진행할 수 있다.

SMARTSTORE

 스마트스토어센터 체크 포인트

가입이 정상적으로 완료된 후 로그인하면 스마트스토어센터 메인화면이 나온다. 메인에서는 내 스토어에서 이루어지고 있는 상품의 판매 현황 및 정산 내용, 방문자수 등 판매에 필요한 정보들을 간략하게 볼 수 있다. 어떻게 보면 내 스토어보다 더 자주 보게 될 화면이므로 각각 화면들을 꼼꼼하게 살펴보도록 하자.

각 영역을 통해 판매자가 꼭 체크해야 하는 부분에 대해 이야기해보자.

스마트스토어센터의 판매요약 이해하기

판매요약 정보는 스마트스토어센터에서도 가장 눈에 잘 띄는 부분이기도 하고, 가장 많이 보게 될 부분이기도 하다. 이 정보를 통해서 현재 판매자

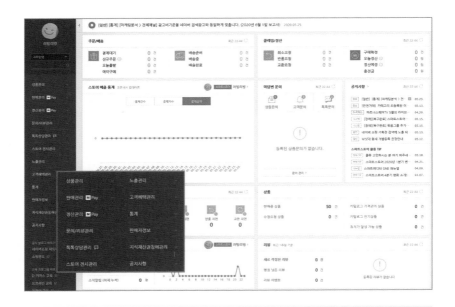

그림 **스마트스토어센터 메인화면**

가 처리해야 할 주문 내역뿐만 아니라 기존에 처리했던 주문건에 대한 처
리 과정도 한눈에 볼 수 있다. 각각의 UI는 어떤 역할을 하고, 어떤 정보들
을 파악할 수 있는지 판매 전에 미리 익혀두도록 하자.

☑️ 주문/배송

결제대기: 구매자가 무통장입금으로 상품을 결제한 경우 해당 결제내역
이 이 영역에 보인다. 결제완료 상태가 아니므로 송장 출력 등의 출고준비
는 할 필요가 없으나, 결제대기로 들어온 주문의 경우 약 80% 이상은 결
제완료로 전환되기 때문에 주문이 들어오는 즉시 사입해오는 판매방식을
가진 판매자라면, 사입 시 결제대기에 있는 상품까지 여유 있게 사입하는

표 스마트스토어 구매상품 처리 과정

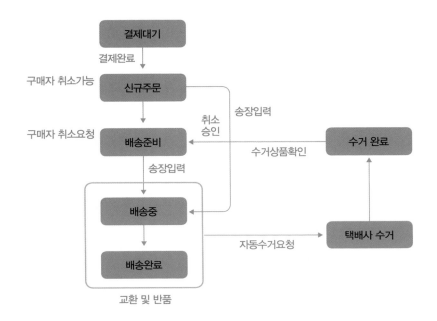

그림 스마트스토어센터 판매요약

것이 좋다. 구매자가 주문일로부터 2영업일 이내에 구매금액을 입금하지 않으면 해당 주문은 자동 취소됨을 염두에 두자.

신규주문: 구매자가 장바구니에 담았던 상품들 중 결제가 완료되었거나,

장바구니에 담지 않고 바로 결제까지 진행된 상품 목록이다. 신규주문으로 들어온 상품들은 재고가 있는지, 배송이 가능한지 내용을 확인 후 '발주확인'을 통해 '배송준비' 상태로 변경해야 한다. 신규주문은 주문 형태와 상관없이 모든 새로운 주문이 보인다. '오늘출발' 주문도 포함되어 있으므로 확인하자. 이 상태에 있는 상품들은 결제한 구매자가 판매자의 동의나 허락 없이 주문내역을 바로 취소할 수 있다.

오늘출발: 신규주문이 들어온 상품 중 꼭 당일 출고해야 하는 상품들이다. 판매자가 상품을 등록할 때 오늘출발이 가능한 상품인지 아닌지 선택해서 등록할 수 있다. 이 부분은 상품등록 화면에서 자세히 살펴보자.

오늘출발 주문인데 당일 출고를 못한다면 출고지연으로 인해 페널티를 받을 수 있다. 그렇기 때문에 다른 상품보다 오늘출발 상품에 주문이 등록되어 있다면 해당 상품은 꼭 출고해야 한다.

예약구매: 예약구매는 주문 후 바로 출고하는 시스템이 아닌 일정 기간 상품 주문을 받고, 판매자가 설정한 주문 기간이 종료되면 판매자가 설정한 발송일에 맞춰 제품을 출고하는 시스템이다. 인스타그램이나 그 외 다른 SNS에서 보는 공동구매 방식이라고 할 수 있다. 판매자가 한시적인 프로모션성 상품을 판매하거나 이벤트성으로 상품을 판매하고자 한다면 예약구매를 활용하는 것도 하나의 방법이다.

배송준비: 신규주문으로 들어온 주문들에 대해 '발주확인' 처리를 했다면 해당 내용들은 모두 '배송준비' 단계로 변경된다. 신규주문에서 배송준비로 넘어간 주문건들은 판매자가 상품을 준비해 배송 직전의 상황임을 보여준다. 그렇기 때문에 배송준비 중인 상품들은 판매자의 승인 없이는 고객이 임의로 구매를 취소할 수 없다.

배송준비 단계는 실제 상품을 고객들에게 출고해야 하는 단계다. 상품을 꺼내 박스에 넣어 송장까지 붙여놓은 상태로 준비해야 한다. 마지막으로 출고할 상품의 송장번호를 등록하면 배송준비는 완료된다.

배송중: 배송준비 단계에서 상품의 송장정보가 시스템에 등록되면 '배송중' 단계로 변경된다. 송장이 입력되는 순간 고객에게는 상품출고 알림 메시지가 전달된다. 이 단계에서 고객이 상품의 구매의사를 철회할 경우, 단순 취소가 아닌 '반품'으로 처리를 해야 한다.

배송완료: 택배시스템과 연동되어 상품의 배송상태를 파악할 수 있다. 실제 상품이 구매자에게 배송되고, 택배시스템상에서 '배송완료'로 처리되면, 스마트스토어센터에서도 '배송완료'로 보인다.

☑ 클레임/정산

취소요청: 고객이 구매한 상품에 대해서 구매의사를 철회한 경우 취소요청으로 들어온다. 이때 판매자가 '발주확인'을 하지 않은 신규주문에 대해서는 '취소요청' 항목으로 들어오지 않은 채 바로 취소되지만, '발주확인'을 한 상품의 경우 판매자의 동의가 필요하기 때문에 '취소요청' 항목으로 보인다. 아직 출고되지 않은 상품이라면 바로 취소처리를 진행해도 되지만, 이미 출고되었고 송장만 미입력한 상태라면 고객의 취소요청을 거부하는 '취소철회'도 가능하다.

반품요청: 출고된 상품에 대해 구매자의 단순 변심이나 물건의 문제가 있는 경우 반품을 요청할 수 있다. 반품요청이 들어왔을 때 바로 진행할 수 있는 절차는 없다. 일단 반품요청이 들어온 상품이 반품/교환지까지 들어와야 한다. 출고했던 상품의 수량은 맞는지, 파손된 부분은 없는지, 배송비

처리에 문제는 없는지 등의 사항을 확인한 후 반품을 처리하자.

교환요청: 상품에 문제가 있거나 고객이 주문할 때 실수한 경우 교환요청을 할 수 있다. 교환 역시 요청이 들어오면 택배사에서 수거, 교환/반품지에 해당 제품이 입고된 후 상품에 문제가 없는지 파악하고 나서 교환을 진행하도록 하자.

오늘정산: 오늘 정산받을 금액이다. 이 금액은 앞서 선택한 지불방법으로 정산받게 된다. 계좌이체를 선택하면 정산금액은 인증절차를 거친 계좌에 별도의 신청 없이 자동으로 입금된다.

정산예정: 공휴일 및 주말을 제외한 근무일을 기준으로 다음 날 정산받게 될 금액이다. 만약 오늘이 금요일이라면 정산예정에 표시되는 금액은 그다음 주 월요일에 정산받게 된다. 계좌에 얼마가 입금될지 또는 얼마의 충전금이 쌓이게 될지를 미리 볼 수 있는 영역이다.

충전금: 계좌로 바로 정산금을 입금받을 수도 있지만, 충전금은 바로바로 정산받는 것이 아닌 정산금액을 쌓아두었다가 필요할 때 출금하는 정산방법이다. 충전금은 하루에 한 번 출금신청을 할 수 있으며, 신청한 금액은 다음 날 출금신청 한 계좌를 통해 지급받을 수 있다.

정산금액은 구매자가 상품을 구매확정 한 다음 날 정산받을 수 있다. 만약 구매자가 구매확정을 하지 않았다면 자동구매확정을 통해 정산받을 수 있는데, 자동구매확정의 경우 배송이 완료된 건에 대해 배송일 기준 8일째 되는 날 자동으로 정산된다. 정산금액은 판매금액에서 수수료 및 고객에게 지급한 포인트 외 혜택에 대한 금액을 제외하고 받을 수 있는 금액을 말한다.

그 외 체크 포인트

☑ 스토어 매출 통계

스마트스토어에서 판매 관련된 정보는 좌측 메뉴 항목 중 [통계] 메뉴를 통해서 자세히 볼 수 있지만, 스마트스토어센터 메인에서도 간략하게 그래프로 매출통계를 보여준다. 스토어 매출 통계는 '결제건수', '결제자수', '결제금액'을 각각의 탭을 통해 확인할 수 있다.

여기서 실제로 우리가 주목해야 할 데이터는 '결제자수'다. 결제건수나 결제금액도 의미 있는 데이터로 볼 수 있지만 판매상품의 가격에 따라 가장 큰 변동 폭을 보이는 부분이 바로 이 두 영역이다. 결제자수는 가격에 크게 영향을 받지 않지만 내 상품 노출 위치에 따라 변동 폭이 달라지는 데

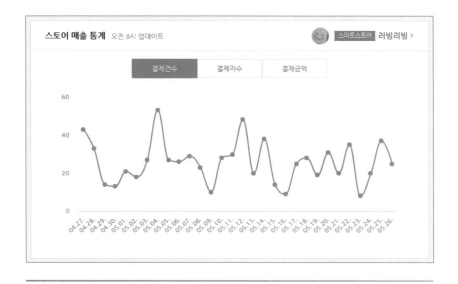

그림 스토어 매출 통계

이터이기 때문에 갑자기 그래프가 상승세 또는 하락세를 보인다면 기존에 노출되었던 내 상품들의 순위 및 재고 등의 정보를 체크할 필요가 있다.

☑ 리뷰

구매자가 상품을 구매한 후 해당 상품에 대해 작성한 리뷰를 간략하게 보여주는 영역이다. 이 영역에서는 최근 1주일을 기준으로 새로 작성된 리뷰, 평점 낮은 리뷰, 리뷰 이벤트 항목으로 분류하여 각각의 내용을 확인할 수 있다. 여기서 판매자라면 무조건 체크해야 할 포인트는 평점 낮은 리뷰 항목이다. 평점 낮은 리뷰의 경우 구매자의 목소리를 판매자에게 전달해 주는 창구로써 배송이나 상품에 대해 불평불만을 적어놓는 경우가 대부분이다. 평점 낮은 리뷰를 많이 받는다면 판매자는 굿서비스 등급을 받기 어려울 수 있으므로 평점 낮은 리뷰는 꼭 관리하도록 하자.

리뷰 최근 1주일 기준		최근 23:10 ⟳
새로 작성된 리뷰	**40** 건	리뷰 평점 비율
평점 낮은 리뷰	0 건	■5 ■4 ■3 ■2 ■1
리뷰 이벤트	0 건	전체 리뷰 보기 ›

그림 **리뷰**

판매관리 페널티 이해하기

스마트스토어에서는 판매자와 구매자 간의 건전하고 안전한 거래를 위해
판매관리 프로그램이 운영되고 있다. 이에 소비자의 권익을 해칠 수 있는
판매활동이 일어나는 경우 판매관리 페널티가 부과되는데, 페널티 점수가
높아지면 스토어 운영에 어려움을 줄 수 있다. 주문이나 배송, 클레임 처리
지연 또는 판매활동이 원활하게 진행되지 않을 경우 페널티를 부여받는
데, 페널티 부과기준은 다음 표를 참고하자.

표 **스마트스토어 페널티 부과기준**

항목	상세기준	페널티부여일	점수
발송 지연 처리	발송유형별 발송처리 기한까지 미발송 (발송지연 안내 처리된 건 제외)	발송처리기한 다음 영업일에 부여	1점
	발송유형별 발송처리 기한으로부터 4영업일 경과 후에도 계속 미발송 (발송지연 안내 처리된 건 제외)	발송처리기한 +5영업일에 부여	3점
	발송지연 안내 처리 후 입력된 발송예정일로부터 1영업일 이내 미발송	발송예정일 다음 영업일에 부여	2점
품절 취소	취소사유가 품절	품절처리 다음 영업일에 부여	2점
반품 처리지연	수거완료일로부터 3영업일 이상 경과	수거완료일 +4영업일에 부여	1점
교환 처리지연	수거완료일로부터 3영업일 이상 경과	수거완료일 +4영업일에 부여	1점

메인화면 판매지연 영역을 보면 현재 지연되고 있는 내용을 항목별로 보기 쉽게 나열해놓았다. 주문이나 클레임 처리 등이 빠르게 진행되지 않은 경우 여기에서 볼 수 있는데, 지연되는 경우 페널티와 직결되어 판매에 영향을 줄 수 있다. 가급적이면 지연되지 않도록 주문이나 클레임을 빠르게 처리하는 것도 판매량을 늘리는 방법 중 하나다. 지연이 발생되는 날부터 하루하루 지날 때마다 페널티 점수가 올라가며, 지연이 길어지면 길어질수록 페널티 점수를 더 많이 받게 된다는 사실 또한 잊지 말자.

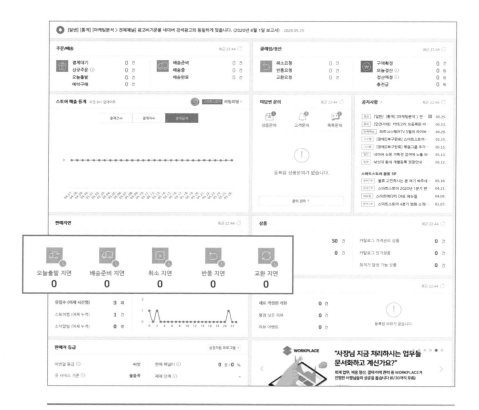

그림 **스마트스토어센터 페널티 영역**

☑ 판매관리 페널티 제재 단계

판매관리 페널티 비율(판매관리 페널티 점수의 합/결제건수의 합)이 40% 이상인 경우에는 적발 횟수에 따라 판매활동이 제한된다.

표 페널티 제재 3단계

1단계 '주의'	2단계 '경고'	3단계 '이용제한'

1단계 주의: 최근 30일 동안 스마트스토어의 페널티 점수의 합이 10점 이상이며, 판매관리 페널티 비율이 40% 이상 최초로 발생된 경우로 주의가 필요하다.

2단계 경고: '주의' 단계를 받은 판매자 중 최근 30일 동안 스마트스토어의 페널티 점수의 합이 10점 이상이고, 판매관리 페널티 비율이 40% 이상인 경우다. '경고' 단계를 받은 날로부터 7일간 신규 상품등록이 금지(스마트스토어센터 및 API 연동을 통한 신규 상품등록 금지)된다.

3단계 이용제한: '경고' 단계를 받은 판매자 중 최근 30일 동안 스마트스토어의 페널티 점수의 합이 10점 이상이고, 판매관리 페널티 비율이 40% 이상인 경우다. 스마트스토어가 이용정지 처리되며 판매활동 및 정산이 제한된다.

스마트스토어센터 메인화면에서도 판매자가 받은 페널티를 확인할 수 있으며, 상품을 판매할 때 불이익이 가지 않도록 페널티를 관리하는 것이 중요하다.

판매 데이터로 부여되는 판매자 등급

스마트스토어는 구매자가 상품을 구매할 수 있는 정보를 토대로 판매자 등급을 1~5등급으로 분류한다. 판매가 이루어지지 않은 초기 판매자의 경우 '씨앗' 등급부터 시작하며, 직전 3개월의 데이터를 토대로 매월 2일 새롭게 판매자 등급이 부여된다. 예를 들어 2019년 12월 판매자의 등급이 12월 2일 자로 부여된다면, 해당 등급이 부여되는 데는 2019년 9월, 10월, 11월의 데이터가 합산되어 등급별 조건 충족 여부를 판단해 부여된다. 등급에 따른 필수조건으로 판매건수와 판매금액 2가지를 모두 충족시켜야 상위등급으로 올라갈 수 있다.

판매자 등급별로 등록 가능한 상품 한도 및 노출되는 아이콘은 모두 다르다. 특히 아이콘은 스토어 내에서 방문자가 확인할 수 있도록 노출된다. 등급정보는 [판매자 정보 > 판매자 등급] 메뉴에서도 상세하게 확인할 수 있다.

그림 **등급 산정 기준 안내**

☑ 굿서비스

굿서비스는 최소 판매건수 20건 이상 판매한 판매자를 기준으로 부여된다. 판매활동에 대한 서비스 조건을 모두 충족시켜야 굿서비스를 받을 수 있으며, 산정기간은 판매자 등급과는 다르게 최근 한 달 데이터를 기준으로 한다. 업데이트 주기는 매월 2일로 판매자 등급 부여 시 함께 부여된다.

굿서비스를 받지 못한다고 해서 판매에 크게 문제 될 것은 없다. 그러나 고객들이 구매 전에 판매자 정보 중 가장 쉽게 확인하고 구매결정에 영향을 줄 수 있는 부분이기 때문에 꾸준한 관리가 필요하다.

등급 산정 기준 안내   ×

| 판매자 등급 | **굿 서비스** | 상품등록 한도 |

판매활동에 대한 아래 서비스 조건을 모두 만족하는 판매자님께 부여됩니다.
사용자들이 믿고 구매할 수 있도록 네이버 쇼핑 및 스마트스토어 판매자 정보 영역에 아이콘이 표기됩니다

	기준	상세
	구매만족	리뷰 평점 4.5 이상
	빠른배송	영업일 2일 이내 배송완료가 전체 배송건수의 80% 이상
	CS응답	고객문의 1일 이내 응답이 90% 이상 (판매자 문의 기준, 상품 문의 제외)
	판매건수	최소 판매건수 20건 이상 (구매확정 상품주문번호 기준, 직권취소 제외)

· 산정 기간 : 최근 1개월 데이터
· 굿서비스 업데이트 주기 : 매월 2일

| 닫기 |

그림 굿서비스 산정 기준

10:30 AM   🛜 85% 🔋

SMARTSTORE

⊕ 스토어찜 5,485   ○ 톡톡

S M A R T S T O R E

Continue

Part 3

혼자서도 쉽게 하는
스마트스토어 세팅

운영 관리를 위한 기본 세팅

스마트스토어에 상품을 판매하기 위해서 가장 첫 번째로 해야 할 일은 기본정보 세팅이다. 네이버와 고객에게 신뢰를 줄 수 있도록 성실하게 정보를 세팅해보자.

스마트스토어의 내정보 관리 메뉴

스마트스토어센터에서 로그인을 하면 우측 상단에 판매자 아이디와 '내정보' 버튼이 있다. '내정보' 버튼을 누르면 회원정보가 나온다. 여기에서 처음 가입 당시 입력한 개인정보를 확인할 수 있다. 수정이 필요한 부분은 '수정' 버튼을 눌러 수정하면 된다.

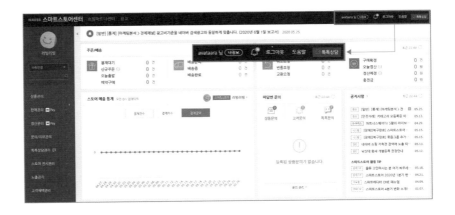

그림 스마트스토어센터 내정보 확인

　　회원정보에서는 '문의알림' 수신여부를 꼭 설정하자. 처음 스마트스토어를 통해 상품을 판매하는 판매자라면 사실상 컴퓨터 앞에서 하루 종일 문의가 올라오는지 지켜보고 있을 수는 없다. 문의를 하는 고객의 대부분은 구매하고자 하는 의사가 있을 가능성이 높기 때문에 가급적이면 문의

정보 수신 설정	
문의알림수신여부	상품 문의 등록 알림을 받아보시겠습니까? ◉ 예　　○ 아니요 상품문의 등록 알림 / 미답변 문의에 대한 알림이 발송됩니다.
SMS수신여부	이벤트, 프로모션 등에 대한 정보를 SMS로 받아보시겠습니까? ○ 예　　◉ 아니요 SMS 수신거부와 상관없이 거래 관련 메세지, 회사의 주요정책 관련 메시지 등은 발송됩니다.
이메일수신여부	이벤트, 프로모션 등에 대한 정보를 이메일로 받아보시겠습니까? ◉ 예　　○ 아니요 이메일 수신거부와 상관없이 거래 관련 이메일, 회사의 주요정책 관련 공지메일 등은 발송됩니다.

그림 회원정보 중 정보 수신 설정

에 빠르게 답변하는 것이 구매율을 높이는 데 도움이 된다.

또한 문의가 등록되었음에도 불구하고 1영업일(휴일 제외) 이내에 응답률이 90% 이상 되지 않으면 굿서비스 조건을 충족시킬 수 없으므로 스토어 지수에 영향을 줄 수 있다. 따라서 문의알림을 설정해 알림이 들어올 때마다 휴대전화로 메시지를 받고 빠르게 대응하도록 하자.

SMS 수신여부, 이메일 수신여부는 판매자의 필요 여부에 따라 설정하면 된다. 설정하면 네이버에서 진행하는 이벤트와 프로모션에 대한 내용을 받아볼 수 있다. 각종 알림에 대한 SMS 수신이 불편한 판매자라도 이메일 수신 정도는 허용해두는 편이 좋다. 네이버는 분기별로 한 번씩 해당 분기의 스마트스토어에서 변경되었던 내용을 정리해 메일로 보내준다. 이 내용은 스마트스토어센터 공지사항에서도 확인할 수 있지만 놓칠 수도 있으니 메일로 받아 변경된 내용들을 확인하면 유익하다.

판매자정보에서 이것만은 꼭 확인하자

내정보 다음으로 확인해야 할 부분은 '판매자정보'다. 판매자정보는 말 그대로 스토어를 운영하기 위한 판매자의 정보를 입력하는 부분이다. 기본적으로 가입 당시 입력한 정보를 바탕이 되지만, 판매 전에 추가로 설정해야 하는 부분이 있으므로 하나씩 체크해보도록 하자.

☑ 실시간 알림 설정

판매자정보 메뉴에서 첫 번째로 확인할 것은 '실시간 알림 설정'이다. 판

그림 **판매자정보**

매자정보 우측 상단에서 확인할 수 있다. 실시간 알림 설정은 스마트스토어에서 판매·교환·취소·반품 관련 상황이 발생했을 경우 10분 간격으로 설정해놓은 SMS 수신 연락처로 메시지를 보내주는 기능이다.

　실시간 알림 설정은 스마트스토어에서 판매, 교환, 취소, 반품 관련 상황이 발생했을 경우 10분 간격으로 설정해놓은 SMS 수신 연락처로 메시지를 보내주는 기능이다. 초반에 판매자라면 상품 촬영 및 사입 등으로 인해 스마트스토어 페이지만 계속 바라보고 있을 수는 없다. 그렇기 때문에 SMS 알림 수신 '설정'을 통해 주문 관련 내역을 SMS로 받아보는 것이 좋다.

　SMS 알림 수신 후 에티켓 모드를 설정하게 되면 밤 9시부터 다음 날 아침 9시까지 발생한 주문이나 교환, 반품 건에 대한 문자 알림은 10분 간격으로 수신되지 않는다. 간밤에 발생한 건들에 대해서는 9시~9시 5분 사이에 한번에 정리해서 문자로 수신된다. 만약 에티켓 모드를 설정하지 않은 경우라면 밤새 주문건을 문자로 받아야 하는 불편함이 있으므로 가급적이

실시간 알림 설정

SMS 알림 수신   ● 설정   ○ 설정안함

에티켓 모드   ● 설정(21시 ~ 09시 알림 수신 안함)   ○ 설정안함(24시간 알림 수신)

SMS 수신 연락처   010299   변경   인증완료

1. 실시간 알림 수신 설정 시 10분 간격으로 주문, 취소, 교환, 반품건을 취합하여 알려 드리며 주문내역의 '판매자 문의하기'는
   등록 즉시 실시간으로 알려드립니다.
2. 알림 수신 이전에 주문상태가 변경된 경우 실제 건수와 차이가 있을 수 있습니다.
3. 국내 휴대폰 번호 사용자만 SMS 수신이 가능합니다.
4. 알림 수신 설정 변경 후 실제 적용까지 약 30분 정도 시간이 소요될 수 있습니다.
5. 에티켓 모드 설정 시 밤 9시부터 다음날 오전 9시까지는 알림이 전송되지 않으며 이 시간 동안 발생한 주문 내역은 오전 9시
   에 취합하여 전송됩니다.
6. '상품문의알림' 설정은 '내 정보'에서 하실 수 있습니다. 상품문의 알림 설정하러 가기 〉

그림 판매자정보 중 실시간 알림 설정

면 에티켓 모드 설정을 추천한다.

만약 현재 스마트스토어를 통해 상품판매를 활발하게 판매하고 있는 판매자라면 SMS 알림 수신은 '설정안함'으로 변경해도 큰 문제는 없다. '설정안함'으로 체크하면 주문건에 대한 내용에 대해 10분 간격으로 전달받는 것이 아니라 오후 6시쯤 하루를 마무리한다는 느낌으로 그 시간까지의 내용을 한번에 정리해서 문자로 수신된다.

☑ 구매안전서비스 이용확인증

통신판매신고증이 없다면 '구매안전서비스 이용확인증'을 이용해 통신판매신고를 할 수 있다. 국내 사업자의 경우 가입심사 중에도 구매안전서비스 이용확인증을 다운로드받을 수 있으며, 국내 개인 판매자의 경우 사업자 전환 신청 후 다운로드받을 수 있다. '실시간 알림 설정' 옆 버튼을 클

릭하면 이용확인증이 보이는데 이를 출력해 관할구청을 방문, 통신판매업신고를 진행한다. 신고 후 스마트스토어에 통신판매신고증을 제출하면 된다.

☑정산정보

가입 시 입력했던 내용 중 하나가 정산정보다. 판매한 상품에 대한 금액을 어떠한 방법으로 정산받을 것인가를 설정하는 부분이다. 가입할 때 계좌가 인증되지 않아 판매자 충전금으로 선택해 가입한 판매자라면, 여기에서 정산방법을 변경할 수 있다.

정산방법은 크게 2가지다. 첫 번째는 인증한 입금계좌로 입금받는 방법이다. 이 방법은 별도로 신청하지 않아도 구매자가 구매한 상품에 대해 구매확정을 하면 다음 날 해당 제품의 판매금액이 판매자의 계좌로 입금된다. 신청하지 않아도 한 번 설정해놓으면 매일매일 정산받을 수 있는 장점이 있으므로 가장 추천하는 방법이다.

계좌 인증이 어렵다면 '판매자 충전금'으로 정산받을 수 있다. 판매자 충전금은 한마디로 예치금이라고 생각하면 된다. 실제 통장에 입금이 되지는 않지만 판매된 금액이 차곡차곡 쌓여 필요할 때 인출을 요청할 수 있다.

정산정보	
정산대금수령방법	● 정산대금 입금계좌　　판매자 충전금
	정산대금 수령방법 변경시 변경일로부터 1영업일 이후에 적용됩니다.
정산대금입금계좌	국민은행 538801●●●●●●● (예금주:박지은(쿡툴즈))
	정산계좌정보는 중요 변경 사항으로 정보변경신청을 통해 변경이 가능합니다 정보변경신청 ▸

그림 **정산정보**

보유한 충전금 한도 내에서 한 번에 큰 금액을 받을 수 있으며, 매달 일정한 금액을 자동으로 인출할 수 있다는 장점이 있다.

자신의 상황에 맞게 정산정보를 변경하도록 하자.

☑ 상품 대표 카테고리

판매하고자 하는 상품의 대표 카테고리를 설정한다. 가입 시 설정했지만 판매하고자 하는 상품군이 달라졌을 경우 여기에서 수정하면 된다. 아이템이 변경되었다면 내 아이템에 맞게 카테고리를 수정해보자. 그런 경우를 제외하고는 잦은 수정은 하지 않는 것이 좋다.

☑ 배송정보

배송정보에는 실제 제품이 출고될 주소 및 반품/교환지 주소를 입력한다. 만약 판매하는 상품에 따라 배송정보가 입력한 내용과 다르다면 상품등록 시 해당 상품의 정확한 출고지와 반품/교환지를 입력하면 된다.

여기에서 꼭 설정해야 하는 것은 택배사 정보 관련 내용이다.

굿스플로 서비스: 판매자가 계약한 택배사 정보를 입력하면 입력된 정보 확인 후 스마트스토어 자체에서 제공하는 굿스플로 송장입력 서비스를 이용할 수 있게 설정하는 기능이다. 만약 택배사 계약을 완료해 계약코드를 가지고 있다면 등록하고 편리하게 송장을 출력할 수 있다.

기본 반품택배사 설정: 고객에게 배송되었던 상품을 어떤 택배사를 통해 수거할 것인가를 설정하는 부분이다. 만약 판매자가 계약한 택배사를 기본 반품택배사로 설정해놓으면 반품 접수 시 자동으로 택배사 시스템과 연계되어 자동으로 반품수거 요청이 진행된다.

택배사 계약을 하지 않았다면?

초기 사업자라 아직 택배사 계약을 하지 않았다면 가까운 편의점이나 우체국 택배를 이용하자. 편의점의 경우 초기 가입 감사 포인트 또는 각종 이벤트를 통해 지급하는 포인트를 활용해 생각보다 저렴하게 택배를 보낼 수 있다. 단, 무게와 지역에 따라 택배비에 차이가 있다는 점을 유념하고 사용하도록 하자.

택배사 계약을 하지 않은 상태에서 반품은 스마트스토어에서 제공하는 기본 반품사인 우체국택배를 이용할 수 있다. 기본 반품사를 통해 반품을 수거할 경우 택배사 계약 없이도 배송비 3천 원으로 제품을 수거할 수 있다.

해외직배송상품 확인 TIP

상품 출고지 주소가 국내가 아닌 해외로 되어 있다면, 해당 상품은 해외직배송상품으로 분류된다. 해외직배송 상품의 경우 국내 판매 상품과는 달리 해외직배송 상품임을 알 수 있도록 상품 앞에 '해외' 아이콘이 노출된다.

상세페이지에서도 결제 영역에 배너가 추가되어 해외직배송상품임을 보여주고 있으며, 상세정보 내에서도 구매고객들에게 해외직배송상품임을 알려준다. 교환 및 환불 절차가 국내에서 판매·배송되는 상품과 다를 수 있음을 미리 알려주는 것이다.

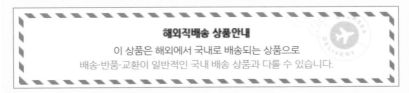

반품택배사는 기본 반품택배사 1군데와 보조 반품택배사 9군데를 합해 총 10군데의 택배사를 설정해놓을 수 있다. 계약한 택배사가 여러 군데라면 모두 택배사로 등록해놓고 사용하자.

해외배송정보: 상품이 해외에서 출고되는 경우 배송유형 및 수입형태를 설정할 수 있다. 출고지가 국내로 되어 있다면 크게 문제 되지 않는 부분이지만, 해외배송을 해야 하는 상품이라면 2가지 항목을 모두 설정해야 한다.

여기까지 완료되었다면 기본적으로 필요한 정보는 모두 세팅된 것이다. 이후에도 판매자정보 또는 판매상품에 대한 정보가 변경되었다면 위에 설명했던 대로 다시 한번 확인하고 정확한 정보로 수정한 후 판매하도록 하자.

특정 상품에 대한 상품판매권한 신청

특정 상품에 대해서는 판매권한을 신청해야 한다. 해외상품 중에서도 건강기능식품, 의료기, 구매대행(수입식품·화장품), 전통주가 여기에 해당한다. 이 경우 네이버가 요청하는 자료를 제출한 후 승인을 받아야 상품판매를 할 수 있다. 승인받지 않은 상태에서 상품판매를 시도했다가는 판매정지를 당하거나 아예 스토어 운영을 못 할 수 있으므로, 판매상품이 위의 경우에 해당된다면 꼭 승인을 받도록 하자.

혼자 운영하기 어렵다면 매니저 관리

스마트스토어 운영기간이 길어지고 상품판매율 역시 지속적인 상승세를 보인다면 혼자서 스토어를 운영하기에는 많은 어려움이 있다. 이때 관리 계정을 추가 등록해 스토어를 관리할 수 있도록 하자.

매니저라는 이름으로 관리자를 초대, 추가 등록해 스토어를 관리할 수 있다. 이때 매니저 초대는 이름과 연락처를 입력해 진행할 수 있으며, 최대 10명까지 초대할 수 있다. 매니저 등급은 3가지로 나뉘니 초대 시 적절한 권한을 선택하도록 하자.

통합마스터: 계정 주관리자로 계정 부관리자의 권한을 회수하거나 변경할 수 있다.

계정 주관리자: 계정 부관리자의 권한을 회수할 수 있다. 스마트스토어 계정의 전체 기능과 스마트스토어센터의 모든 메뉴를 이용할 수 있다.

계정 부관리자: 매니저 관리 메뉴에 접근이 제한되므로 권한변경 기능을

그림 매니저 관리

이용할 수 없다. 상품 등록/수정, 채널 정보 변경 등 일부 기능만 사용할 수 있다(판매관리·정산관리·정보변경 등 메뉴 접근 제한).

　매니저로 초대받은 사람은 문자로 초대에 응할 수 있는 URL을 전송받게 되며, 해당 URL을 통해 부여받게 되는 권한에 동의하면 이후 스토어 매니저로 등록된다.

신뢰도를 높이는 스마트스토어 꾸미기

스마트스토어에서 상품을 판매할 때 중요한 요소들이 몇 가지 있는데, 그중 하나가 신뢰도다. 신뢰도라 하면 대부분의 판매자가 상품을 등록하고 실제 판매하는 부분에 있어서만 신뢰도를 생각하지만, 스마트스토어를 처음 세팅할 때도 신뢰도가 필요하다. 신뢰도는 말 그대로 스마트스토어 세팅을 통해 내가 확실하고 성실하게 상품을 판매할 판매자임을 보여줌과 동시에 고객들에게 전문성을 보여주기 위한 설정이다. 판매 전 한 번만 세팅하면 되므로 소홀히 하지 말고 꼼꼼하게 설정하도록 하자.

스토어 관리는 고객들에게 노출되는 스토어의 기본정보를 세팅하는 영역이다. 스마트스토어 개설 시 입력했던 정보들을 수정할 수 있으며, 스토어를 조금 더 전문적이고 체계적으로 바꿔줄 수 있는 메뉴이기도 하다.

스토어 기본정보 효율적으로 관리하기

☑ 스토어명

스토어명은 가입 시 입력했던 이름이다. 오프라인 매장으로 이야기하자면 가게의 간판과 같은 영역이라 할 수 있다. 스토어명을 입력하면 해당 명칭은 스마트스토어센터 좌측 상단의 판매자 프로필 영역에서 볼 수 있고, 스토어를 방문하는 방문자는 스토어 상단에서 바로 확인할 수 있다.

스토어명 변경이 필요한 경우라면 한 번, 시스템을 통해 변경할 수 있

그림 **스토어 관리**

다. 대표적으로 판매하고자 하는 아이템과 스토어명이 매칭되지 않는 경우 변경이 필요하다. 실제 판매를 진행하다 보면 아이템의 방향성이 달라지는 경우가 있다. 판매는 시작했지만 판매 방향성을 아직 결정하지 못한 것이다. 이런 판매자라면 '도레미마켓', '다판다몰'과 같이 포괄적으로 어떤 상품을 판매해도 이상하지 않을 상호명을 사용해 상호명에 대한 고민을 줄이자. 그러나 처음에 바퀴벌레약을 팔겠다 해서 '킬벅'이라고 이름을 정해놓고, 주방용품을 판매하게 되었다면 스토어명 변경을 진지하게 고민해야 한다.

또 스토어명을 검색창에서 검색해 결과를 확인하는 과정도 필요하다. 스토어명을 검색했을 때 네이버에서 검색어제안을 통해 다른 검색결과를 보여준다면 스토어명을 재고해야 한다. 해당 스토어명을 이미 누군가 유사한 이름으로 사용하고 있을 가능성이 높기 때문이다. 네이버 통합검색

그림 네이버 검색어제안 확인

에서는 검색어제안으로, 네이버 쇼핑에서는 아예 검색 키워드 자체를 변경한 결과값을 보여주니 꼭 확인해보자.

스토어명을 변경한 다음 변경된 이름이 반영되기까지는 반나절 정도 걸린다. 그렇지만 실제 검색에 반영되기까지는 근무일 기준 최소 2~4일 정도 소요된다는 점을 기억하자.

☑️ 스토어 대표 이미지

브랜드의 아이덴티티를 나타낼 수 있는 이미지를 등록하는 영역이다. 보통 스토어 로고를 제작해 등록하거나 스토어와 관련 있는 이미지를 편집해 등록한다. 등록한 이미지는 판매자센터의 프로필 영역에서 노출됨과 동시에, 설정한 스토어 레이아웃에 따라 노출 위치는 조금씩 차이는 있지만 고객이 확인할 수 있는 위치에 이미지가 노출된다.

따라서 내 스토어를 브랜딩할 수 있는 이미지를 제작해서 넣는 것이 포인트다. 그렇다고 처음부터 큰돈을 써서 로고를 제작하기보다는 Free Logo Maker(www.squarespace.com)나 Tailor Brands(www.tailorbrands.com/logo-maker) 등 무료로 로고를 제작해주는 사이트를 이용하는 것도 하나

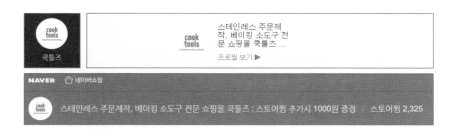

그림 **스토어 대표 이미지 노출**

의 방법이다.

중요한 것은 아예 이미지를 등록하지 않는 것보다 말 그대로 어떤 이미지라도 만들어서 넣는 정성이 필요하다는 것이다. 그렇다고 스토어의 콘셉트와 맞지 않는 이미지를 넣는다거나 유해한 이미지를 넣는 행동은 하지 않도록 한다.

등록하는 이미지는 최소 160픽셀(px) 이상의 정사각형 이미지여야 하며 파일 형식은 jpg, gif, jpeg, png만 등록할 수 있다. 등록한 이미지는 바로 노출되는 것이 아니라 관리자의 검수가 진행된 이후 등록이 완료되는데, 검수 진행까지는 최소 1~2일 정도 소요될 수 있다. 이미지 변경 횟수는 제한이 없으나 반영 뒤 검수 시간과 스토어에 반영되는 시간을 고려할 때 잦은 변경은 삼가자.

☑ 스토어 소개

스토어 소개는 고객에게 직접 노출되어 브랜드의 정체성을 알릴 수 있는 영역이다. 이 영역에는 스토어의 전문성을 나타낼 수 있는 소개를 최대 50글자까지 입력할 수 있다. 여기에 입력된 소개글은 실제 키워드 검색을 통한 검색결과 노출에 영향을 주지는 않지만, 스토어 내의 프로필 영역에

그림 **스토어 소개글 노출**

노출되는 것은 물론 스토어명 검색 시 검색결과에서 스토어에 대한 설명으로 노출되기 때문에 신중하게 작성해야 한다.

또한 간단하게 스토어의 정체성 또는 주력 상품 등을 노출해 스토어 내 방문 고객들에게 스토어의 전문성을 알릴 수 있는 공간이다. 스토어의 정체성에 집중해 소개글을 등록해보자.

☑ 스토어 URL

스토어 URL의 경우 2가지 방식 중 하나를 선택해서 사용할 수 있다. 첫 번째 방법은 스마트스토어 처음 판매자 가입 시 기본 항목으로 설정했던 URL (smartstore.naver.com/campuslab)을 사용하는 방법과 개인 도메인을 사용하는 방법이다. 2가지 방법 모두 스토어명 검색 시 검색결과로 스토어 주소를 노출해준다.

스마트스토어 도메인을 사용하는 경우의 초기 가입 시 설정한 도메인을 사용하기 때문에 사용료를 별도로 지불하거나 추가비용이 발생하지는 않는다. 아직 상품의 방향성이 명확하지 않는 판매자라면 기본 스마트스토어 도메인을 사용해도 괜찮다. 단점은 스토어명처럼 스마트스토어 시스템 내에서 URL 변경 및 수정이 어렵다는 점은 참고하도록 하자.

무료로 사용할 수 있는 스마트스토어 도메인이 있음에도 불구하고 해당 도메인이 마음에 들지 않은 경우, 판매의 방향성이 명확하게 결정된 경우, 선점해놓고 싶은 도메인이 있는 경우 개인 도메인을 연결할 수 있다. 내가 원하는 도메인을 연결할 수 있다는 점뿐만 아니라 도메인이 마음에 들지 않거나, 변경이 필요한 경우라면 언제든 새로운 도메인으로 변경을 할 수 있다는 장점이 있다. 다만 개인 도메인을 별도로 구매해야 해서 구매비용

통합검색   웹사이트   블로그   뉴스   쇼핑   이미지   지식iN   카페   더보기 ▾   검색옵션 ⌄

웹사이트   도움말

쿡툴즈 N Pay
http://cooktools.co.kr/
스테인레스 주문제작, 베이킹 소도구 전문 쇼핑몰 쿡툴즈 : 스토어찜 추가시 1000원 증정

통합검색   블로그   이미지   지식iN   카페   동영상   쇼핑   뉴스   더보기 ▾   검색옵션 ⌄

웹사이트   도움말

로코코맨숀 N Pay
https://smartstore.naver.com/lolo_bongbong
앤티크한 감성의 우아한 커스텀 주얼리 <로코코맨숀>에 오신것을 환영합니다.

그림 **스마트스토어 도메인 노출**

이 대략 2년에 4만 4천 원(VAT 포함) 발생한다는 단점이 있다. 하지만 구매한 개인 도메인은 추후 개인몰 오픈 시 개인몰에도 연결할 수 있기에 원하는 도메인이 있다면 미리 구매하는 것도 좋은 방법이다.

구매한 도메인은 '개인 도메인' 항목을 선택해 쉽게 연결할 수 있다. 한글 도메인은 스마트스토어 연결할 수 없으므로 되도록 한글 도메인이 아닌 영문 도메인을 구입하자. 개인 도메인을 연결하기 위해서는 구매업체에서 호스팅 설정을 먼저 해야 하며, 연결은 도메인 등록 신청 후 최대 24시간 정도 소요될 수 있다. 도메인을 구입했다면 스마트스토어 IP주소와 모바일 IP주소를 다음과 같이 세팅하자.

스마트스토어IP: 125.209.230.216

모바일IP: 125.209.230.216

☑️ 고객센터 전화번호

고객들이 문의사항이나 클레임이 발생했을 때 판매자에게 연락할 수 있는 전화번호를 등록하는 영역이다. 일반 판매자의 경우 실제 전화를 받을 수 있는 국내 전화번호를 인증과정을 통해 등록할 수 있으며, 사업자 판매자의 경우는 국내 또는 해외 번호 중 선택해서 등록할 수 있다. 정확한 번호인지 확인하기 위한 인증절차는 필수로 진행되며, 인증절차를 문제없이 거친 후 사업자 번호로 등록할 수 있다.

사업자정보

상호명	러빙리빙	사업자등록번호	6141234567
대표자	김아무개	사업장 소재지	(우 : 12345) 서울특별시 구로구 오리로
고객센터	070-1234-5678	통신판매업번호	2017-서울서초-1234
	🔊 잘못된 번호 신고		

그림 **스마트스토어 고객센터 전화번호 노출**

등록된 번호는 스토어의 판매자 프로필 항목 중 사업자정보 영역에 고객센터 전화번호로 노출된다. 만약 고객이 등록된 번호로 연락을 했음에도 불구하고 판매자와 직접 연락이 닿지 않는다면 고객은 '잘못된 번호 신고'를 통해 해당 번호가 잘못되었음을 신고할 수 있다.

이렇게 신뢰도와 직결된 클레임은 스마트스토어 운영에 직접적인 영향을 줄 수 있기 때문에 정확한 정보를 기재해 신뢰도 높은 판매자임을 보여주어야 한다. 추가로 고객센터 전화번호는 6개월마다 한 번씩 인증을 받아야 함을 잊지 말자.

☑ 소개 페이지

스마트스토어 페이지 내에서 판매자의 프로필을 클릭하면 판매자 소개 페이지를 볼 수 있다. 소개 페이지는 스토어 정보뿐만 아니라 판매자의 사업 정보까지 한눈에 볼 수 있기 때문에 이 페이지에서도 신뢰도 높은 판매자임을 최대한 보여주어야 한다.

그림 소개 페이지

소개 페이지는 내가 선택한 스마트스토어 테마에 따라 노출되는 항목이 조금씩 차이가 있다. 테마가 심플형이나 큐브형인 경우 소개 페이지에 키워드 영역이나 연관채널 영역이 바로 노출되지 않지만, 스토리형이나 콘텐츠형인 경우 키워드와 연관채널 영역이 노출된다. 스마트스토어의 테마에 대해서는 SECTION 3에서 다시 한번 자세히 다루기로 한다.

키워드 영역은 스토어에서 직접 입력하는 영역이 아니다. 다만 상품등록 시 해시태그를 통해 가장 많이 등록된 키워드 상위 5개가 노출된다. 아직까지 스토어 대표 키워드가 스토어 검색에 미치는 영향은 크지 않지만, 콘셉트가 명확한 스토어라면 이렇게 노출되는 키워드까지 신경 써서 상품을 등록할 필요는 있다.

만약 블로그, 페이스북, 인스타그램을 마케팅 채널로 등록했다면 소개 페이지의 연관채널 항목에 보인다. 마케팅 채널은 PART 7에서 다시 한번 살펴보겠다.

판매자가 설정해야 할 영역은 사업자 정보 하단에 있는 지도다. 지도 영역은 스마트스토어센터 메뉴 중 [스마트스토어 전시관리 > 스마트스토어 (PC) > 소개 페이지관리]를 통해 등록할 수 있다.

위치 이미지는 네이버 지도 또는 다양한 지도 프로그램을 이용해 사업장의 위치를 검색 후 검색결과를 캡처해 이미지를 만든다.

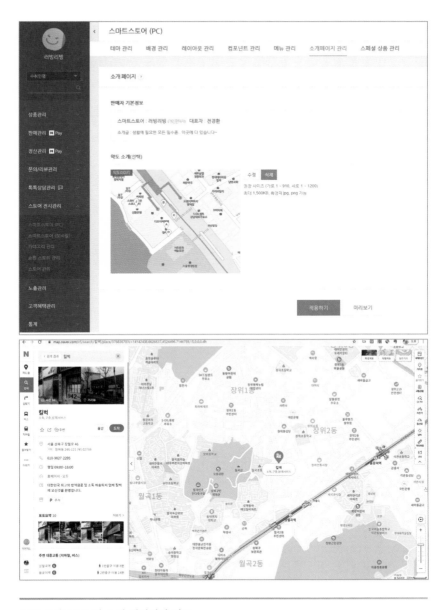

그림 스마트스토어 소개 페이지의 지도

☑️ 하단 로고

스마트스토어의 로고 이미지는 위에서 언급했던 판매자정보 메뉴를 통해 입력할 수 있다고 이야기했다. 판매자정보에서 입력한 로고 이미지는 스마트스토어센터 좌측 상단 및 스마트스토어 상단에서 확인할 수 있다. 이 영역 외에 스마트스토어 하단에도 스토어 로고를 입력할 수 있다.

그림 스마트스토어 하단 로고 노출

위의 영역에 로고 이미지를 등록하려면 [스토어전시관리 〉 스마트스토어(PC) 〉 컴포넌트 관리] 메뉴를 이용하면 된다.

하단 로고에 등록할 수 있는 이미지 사이즈는 가로 30~660px, 세로 30px 이미지다. 기존의 로고 이미지를 정사각형으로 만들어서 입력했다면 직사각형의 긴 형태의 이미지를 추가 제작해서 입력해야 하는 번거로움은 있지만, 이런 세부 영역까지 신경 써서 넣는다면 조금 더 높은 신뢰도를 줄 수 있기 때문에 추가 이미지를 제작해서 입력하는 것을 추천한다.

매출이 따라오는 세팅 노하우

스마트스토어의 장점이자 단점 중 하나가 기본 레이아웃을 제공한다는 것이다. 개인몰과 달리 전문 디자이너가 스토어의 전반적인 디자인을 할 필요가 없다는 것은 장점이다. 단점이라고도 이야기하는 이유는 개인몰처럼 자신이 원하는 레이아웃으로 상품을 배치하거나 정해진 영역이 아닌 위치에는 디자인 배너를 삽입하기 어렵기 때문이다. 어쨌든 디자인 부분까지 개인이 혼자 만들어야 한다면 스토어 운영의 큰 장벽으로 작용할 수밖에 없다.

스마트스토어에서는 이런 디자인 장벽을 낮추고자 자체 기능을 제공하기 때문에 판매자가 원하는 스토어의 레이아웃과 디자인을 선택하고 배치할 수 있다. 비록 디자인에 대한 선택의 폭이 좁기는 하지만 점차 사용자의 요구를 반영해 다양한 레이아웃을 제공하고 있다. 각각의 레이아웃과 수정 가능한 부분을 확인하고, 콘셉트에 맞게 스토어를 꾸며보자.

그림 **스마트스토어센터에서 스마트스토어관리**

가장 먼저 설정해야 할 부분은 'PC 전시 관리'다. 실제 판매를 보면 모바일 판매량이 PC 판매량보다 많아지는 추세이지만, 그렇다고 해서 PC 전시 관리를 소홀히 해서는 안 된다. PC에서 모바일보다 조금 더 자세한 정보와 다양한 상품을 전시하고 보여줄 수 있기 때문이다. 판매자는 PC에서 구매고객들에게 판매상품을 집중적으로 노출시키는 전략과 함께, 전문성이 있는 스마트스토어로 보이도록 노력해야 할 것이다.

내 스토어에게 어울리는 테마 찾기

스마트스토어에서는 총 4가지의 테마를 제공한다. 기존의 스토어팜에서는 심플형과 큐브형 2가지만 제공되어 선택의 폭이 좁았지만, 스마트스토어로 개편되면서 스토리형과 트렌디형이 추가되어 선택의 범위가 조금은 넓어졌다.

테마별로는 노출되는 콘텐츠 영역의 폭, 스토어 메인에 노출되는 메인 섬네일의 크기가 각각 다르고, 상품 UI 배치 등 소소하게 제공되는 기능에 차이가 있다. 테마를 결정하기 전, 각각의 테마를 꼼꼼하게 확인한 후 자신이 판매하고자 하는 아이템에 적합한지 먼저 생각해보도록 하자. 테마별 특징을 알아보겠다.

☑ 심플형

심플형은 좌측이나 우측에 메뉴가 있고, 바로 옆에 콘텐츠가 자리 잡은 가장 기본적인 레이아웃이다. 메뉴 배치는 레이아웃 관리를 통해 좌우 선택적으로 메뉴를 배치할 수 있다. 이때 사람들에게 익숙한 좌측 메뉴 배치를 하는 것이 방문자의 체류시간을 높이는 데 도움이 된다.

심플형 선택 시 소배너 사용이 가능하다. 상품 카테고리명을 디자인으로 변경할 수 있어서 다른 디자인보다는 카테고리명 디자인을 통해 가독성을 높이는 레이아웃으로 만들 수 있다.

☑ 큐브형

큐브형은 상단에 메뉴가 있고, 하단으로 콘텐츠 영역이 이어지는 레이아웃이다. 정해진 영역 910px을 모두 콘텐츠 영역으로 사용하고 있다. 심플형과 마찬가지로 카테고리명을 디자인으로 변경할 수 있기 때문에 디자인을 통해 가독성을 높이고 전문성을 높일 수 있다.

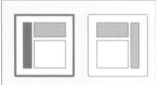

그림 **심플형 테마 적용**

그림 **큐브형 테마 적용**

☑ 스토리형

스토리형은 스토어팜에서 스마트스토어로 개편되면서 추가된 디자인 테마다. 기존 테마들보다 레이아웃 가로 사이즈가 1280px로 더 넓어져 기존보다 조금 더 시원스러운 느낌을 준다. 스토리형 테마가 생기면서 쇼핑스토리 영역이 추가되었다. 쇼핑스토리는 말 그대로 판매상품을 이용해 블로그 포스트처럼 상품에 대한 포스팅을 할 수 있는 영역이다. 쇼핑스토리에 포스팅을 하게 되면 해당 글이 메인에 노출되어 구매고객들이 상품에 대한 정보를 얻어갈 수 있다. 또 쇼핑스토리에 포스팅한 상품뿐만 아니라 '관련 상품 추가' 연결을 통해 추가 구매까지 유도할 수 있다.

그림 **스토리형 테마 적용**

☑️ **트렌디형**

트렌디형 역시 스토리형과 같이 스마트스토어 개편으로 추가된 테마다. 트렌디형은 고정된 형태의 레이아웃을 가지고 있기보다는 상단메뉴배치형 레이아웃과, 좌측메뉴배치형 레이아웃 2가지 중 하나를 선택할 수 있다. 마찬가지로 쇼핑스토리 기능이 지원되어 작성한 쇼핑스토리를 메인에 노출시킬 수 있다.

트렌디형과 스토리형 테마는 기존 심플형과 큐브형 테마에 비해 지원되지 않는 몇 가지 기능이 있다. 지금부터 알아보도록 하자.

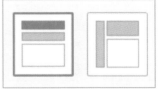

그림 **트렌디형 테마 적용**

표 테마별 정리

구분	심플형	큐브형	스토리형	콘텐츠형
사이즈	메뉴: 180px 콘텐츠: 910px	상단 메뉴 높이: 69px 콘텐츠: 910px	콘텐츠: 1280px	콘텐츠: 1280px
카테고리 이미지	변경가능	변경가능	변경불가	변경불가
쇼핑스토리	사용불가	사용불가	사용가능	사용가능
모바일 / PC전시관리	별도적용	별도적용	동일적용	동일적용

첫 번째로 '메뉴관리 홈'에서 소개 페이지, 스페셜 상품의 기능을 사용할 수 없다. 또한 기획전, 묻고 답하기, 공지사항은 메뉴명을 텍스트로만 제공하기 때문에 이미지로 등록해도 적용되지 않는다.

두 번째로 스페셜상품 관리 기능을 사용할 수 없다. 스페셜상품 관리는 스페셜 상품 코너에 전시되는 베스트상품, 신상품, 오늘의특가, 오늘만무료 상품을 배치할 수 있는 기능이다. 그러나 이 기능은 심플형과 큐브형 테마에만 제공된다.

세 번째로는 카테고리명을 이미지로 변경할 수 없다. 그렇기 때문에 기본으로 제공되는 텍스트명을 그대로 사용해 메뉴를 노출시켜야 한다.

스토어의 분위기를 좌우하는 배경 관리

배경 관리를 통해 내 스토어의 PC 및 모바일 버전의 메인 색상을 설정할 수 있다. 따라서 스토어 브랜드의 이미지를 돋보일 수 있는 메인 색상을 선택해 배경색으로 지정해보자.

테마에 따라 선택한 색상의 적용 범위가 다르다. 심플형 및 큐브형 테마 배경색은 스토어명 영역과 전체 배경색으로 적용되기 때문에 선택 시 서체의 가독성이 떨어지는 배경색인지의 여부를 판단하고 결정할 필요가 있다. 또한 심플형과 큐브형 테마 배경색 선택 시 해당 테마가 모바일에 동시 적용되지 않기 때문에 모바일은 별도의 설정이 필요하다.

스토리형 및 트렌디형 테마 배경색은 단색으로 구성되며, 전체 배경색이 아닌 메뉴에 적용할 색상을 선택한다. 선택한 배경색은 모바일에 동일하게 적용할 수 있어 PC와 모바일의 디자인 통일성을 높일 수 있다.

등록상품 수가 적을 때 레이아웃 적용 TIP

등록할 수 있는 상품의 수가 많지 않다면 기본으로 제공되는 레이아웃 선택 시 스토어 자체에 완성도가 떨어지는 느낌을 줄 수 있다. 그렇기 때문에 상품의 수가 적다면 기본 레이아웃을 선택하기보다는 '상품 5개 미만 전용 템플릿'을 사용해보자.

상품 5개 미만 전용 템플릿 사용 시 선택할 수 있는 테마는 하나로 고정되어 있다. 해당 레이아웃을 선택하면 다른 레이아웃보다 메인에 노출되는 상품의 섬네일 크기가 조금 더 커진다. 상품배열 방식 역시 가로가 아닌 세로로 배열되며, 제목을 포함한 상품정보도 기존 레이아웃보다 조금 더 큰 크기로 제공한다.

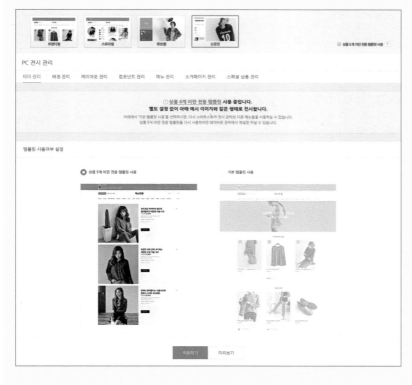

10:30 AM   📶 85% 🔋

🔍

이 책으로 쉽게 스마트스토어
를 시작할 수 있었어요!
aor*** | 2017년 8월 15

원앤원콘텐츠 바이럴 마케팅   >

SMARTSTORE

⊕ 스토어찜 5,485   ☐ 톡톡

S M A R T S T O R E

Continue

Part 4

효율을 높이는
스마트스토어 상품 관리

상품판매를 높이는 검색 알고리즘

스마트스토어의 상품노출은 곧 매출이다. 같은 가격의 같은 상품이라도 노출되는 순위에 따라 판매량과 매출이 달라지기 때문이다. 어떻게 하면 상품을 조금 더 높은 순위에 노출시킬 수 있을까를 고민하는 것은 스마트스토어 판매자의 숙명이라고 해도 과언이 아닐 정도다. 구매자들의 클릭률과 구매율이 네이버 노출순위에 따라 좌지우지된다는 사실 또한 판매자가 상위노출을 위해 노력해야 함을 알려준다.

등록한 상품이 상위에 노출되기 위해서는 검색 알고리즘을 이해해야 한다. 스마트스토어에 등록된 상품은 단순히 상품등록만 잘 했다고 상위에 노출되지는 않는다. 상품 검색 노출 알고리즘을 통해 각각의 항목들이 어떻게 내 상품의 순위가 변동될 수 있는지 확인하는 것이 필요하다.

검색 알고리즘은 적합도, 인기도, 신뢰도의 3가지 항목으로 분류된다. 판매자가 어느 하나의 항목만 잘 설정했다고 해서 상품이 1위로 노출되지

표 네이버 쇼핑의 검색 알고리즘

적합도	인기도	신뢰도
• 상품명	• 클릭수/찜수	• 상품명 SEO
• 카테고리	• 판매실적	• 네이버 쇼핑 페널티
• 제조사/브랜드	• 리뷰수	
• 속성태그	• 최신성	

않는다. 다시 말해 상품등록을 열심히 한다 해도 인기도 항목의 판매실적이 없거나 클릭수/찜수가 없다면 해당 상품은 상위에 노출될 수 없다. 반대로 인기도 항목의 클릭수/찜수는 굉장히 높으나 상품등록 시 적합도 항목에 대한 점수가 현저히 떨어진다면 그 상품 또한 상위노출을 기대하기 어렵다. 그렇기 때문에 어느 하나의 항목만 집중할 것이 아니라 각각의 항목을 자세히 살펴보고 상품을 관리하는 것이 필요하다.

☑ 적합도

적합도는 구매자가 상품구매를 위해 검색창에 입력한 검색어가 판매자가 등록한 상품의 상품명·카테고리·제조사/브랜드·속성/태그 등 상품정보의 어떤 필드와 연관도가 높은지, 구매자가 입력한 검색어와 관련해 어떤 카테고리 선호도가 높은지 산출해 적합도로 반영된다. 즉 사용자의 검색 의도에 적합한 상품인가를 판단하는 기준으로 삼으며 적합도는 검색어에 따라 2가지 점수가 달라진다.

필드연관도: 상품을 검색하기 위해 검색창에 입력한 질의어를 통해 네이버는 가장 먼저 질의어를 분석한다. 사용자가 입력한 질의어가 정보를

요구하는 질의인지, 아니면 상품정보와 관련 있는 키워드인지 먼저 분석하는 것이다.

그림 '운동화 코디' 검색결과(왼쪽)와 '아디다스 운동화' 검색결과(오른쪽)

'운동화 코디'라는 질의어를 입력하면 네이버는 해당 키워드를 정보성 키워드라 분석해 포스트, 블로그의 콘텐츠를 상단에 노출시키는 반면, '아디다스 운동화'처럼 특정 브랜드의 상품을 입력하면 상단에 브랜드 검색결과가 노출되는 것이 이런 이유다.

쇼핑에서도 네이버는 질의어가 입력되면, 해당 질의어를 분석해 브랜드명에 매칭되는지, 카테고리 또는 속성에 매칭되는가를 분석하고, 매칭도가 높은 상품을 필드연관도가 높은 상품으로 판단해 우선적으로 노출시킨다. 따라서 판매자는 상품등록 시 브랜드, 카테고리, 속성 등 각각의 필드에 맞는 내용을 정확히 입력함에 따라 카테리고 매칭도를 높여야 한다.

카테고리 선호도: 스마트스토어에 등록되는 상품은 각각 하나의 카테고리를 갖는다. 이때 판매자가 설정한 카테고리가 실제 등록하고자 하는 상

품에 얼마나 적합한가를 분석해서, 카테고리의 적합도가 높은 경우를 '카테고리 선호도가 높다'라고 판단한다.

표 카테고리 선호도 분류

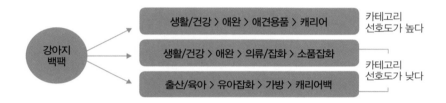

예를 들어 '강아지 백팩'이라는 키워드만을 놓고 봤을 때 엄연히 애완견 카테고리에 매칭이 되겠다고 생각할 수 있을 것이다. 그러나 강아지 백팩이 가방이라는 이유로 유아동 잡화의 카테고리에 입력된다든가, 같은 애완 카테고리 내에 캐리어가 아닌 소품잡화 카테고리에 상품을 등록한다면, 이 상품은 카테고리 선호도가 낮은 카테고리에 등록되었다고 볼 수 있다. 따라서 해당 상품이 정확히 어느 카테고리에 들어가야 하는지 분석해 등록하는 것이 카테고리 선호도를 높이는 방법이라 하겠다.

☑ 인기도
인기도는 등록한 상품의 판매와 관련된 방문자 및 상품 구매자들의 행동패턴을 점수화한 항목으로, 상품의 클릭수·찜수·판매실적·구매평수·최신성 등의 고유한 요소를 바탕으로 카테고리 특성을 고려해 반영된다.

그림 **찜수**

소비자가 자주 찾고 많이 팔린 평이 좋은 신상 상품이 인기도가 높다.

찜수: 등록한 개별 상품의 찜수를 카테고리별 상대적으로 환산하고 지수화해 사용된다. 구매자는 검색결과에서 바로 '찜하기' 할 수 있으며, 상품 상세페이지에서도 '찜하기' 버튼 누를 수 있다. 찜수는 검색결과에 나오는 수치에 의존해야 하는데, 상품 노출순위를 결정하는 요소로만 작용할 뿐 직접적인 순위를 결정하지 않는다.

클릭수: 최근 7일 동안 쇼핑검색에서 발생된 상품 클릭수를 지수화한다. 고객에게 클릭을 유도하는 방법은 2가지다. 하나는 검색어를 통해 검색결과로 상품이 노출되는 경우와 다른 하나는 상품의 직접 경로를 공유함으로써 클릭을 유도하는 방법이다. 이때 실제로 인기도 항목의 클릭수에 영향을 주는 방법은 실제 검색결과에서 클릭이 일어나는 방법이다. 직접 경로를 공유해 일어나는 클릭은 단순히 다양한 마케팅 채널에 홍보한다는 데 의미가 있지, 실제 클릭수를 모으는 데는 의미는 없다. 게다가 네이버는 기존 서비스 운영 경험을 토대로 검색 알고리즘 및 어뷰즈 필터링 로직을 지속적으로 개선하고 있다. 그렇기 때문에 클릭수를 높이기 위해 무분별하게 상품 경로를 공유하거나 그 외에 어뷰징으로 의심받을 수 있는 행위는 자제하자.

판매지수: 최근 2일/7일/30일 동안 쇼핑검색에서 발생한 판매수량/판매금액을 지수화한다. 상품명, 상품이미지처럼 서비스에 노출되지는 않지만 검색랭킹에 매우 중요한 역할을 하는 것이 판매지수 데이터다. 판매지수는 쇼핑 검색결과, BEST100 등 다양한 영역에서 상품의 랭킹을 만드는 기본적이고 비중이 높은 랭킹요소다. 동일한 상품이라고 했을 때 판매지수를 제공하는 경우는 상품 검색결과 랭킹에 매우 유리하게 작용하기 때문에 다른 판매자의 상품보다 상위에 노출될 기회를 얻을 수 있다. 특히 BEST100에서는 상품 검색결과 랭킹보다 판매지수의 사용되는 비중이 더 커서 판매지수 제공은 매우 중요하다. 네이버페이를 사용하면 네이버페이 시스템을 통해 스마트스토어의 판매실적, 리뷰수가 자동연동되고, 부정거래가 있을 경우 페널티를 부여한다.

리뷰수: 개별 상품의 리뷰수를 카테고리별 상대적으로 환산해 지수화한다. 이미지를 포함한 상품구매 후기와 사용자 평점 정보를 제공해야 한다. 상품평은 사용자가 상품을 구매 판단할 때 최종적으로 검토하는 상품정보 중에 하나다. 지식쇼핑같이 상품수가 많고 판매 경쟁이 치열한 상황에서 상품평은 다른 판매자와 차별화되는 요소다. 상품 검색결과에서 '상품평 많은순' 정렬 옵션까지 제공하고 있으며, 사용 빈도 역시 매우 높은 편이다.

최신성: 상품의 쇼핑 데이터베이스(DB)에 등록하는 순간 등록일이 부여되고, 이를 기준으로 상대적 지수화해 상품별로 부여한다. 신상품은 일시적 랭킹 유도하는 효과가 있지만, 최신성을 받기 위해 다른 랭킹 점수를 버리고 상품을 재등록하는 것은 무의미하다. 해당 어뷰징 행위에 대해서는 몰 단위의 제재가 가해질 수 있다.

☑ 신뢰도

네이버 쇼핑 페널티, 상품명 SEO 등의 요소를 통해 해당 상품이 이용자에게 신뢰를 줄 수 있는지를 산출한다. 즉 다양한 상품이 등록되어 있더라도 각각의 상품이 모두 잘못된 정보로 인해 구매에 혼란을 준다면 신뢰도 지수가 떨어질 수 있다.

상품의 최적화: 상품등록 시 정확한 규칙에 따라 상품명을 정하고, 정확한 카테고리 및 브랜드/제조사, 속성에 대한 정보를 입력해 노출에 대한 불이익을 받지 않도록 하자. 상품명에 특수기호나 다른 브랜드 또는 '~ST' 등과 같이 고객에게 상품구매 시 정확한 정보를 제공하지 않거나 혼란을 주는 행위는 하지 말아야 한다. 또한 상품과 관련이 없는 카테고리에 상품을 등록하는 행위 역시 어뷰징 행위로 간주되어 노출이 안 될 수 있기 때문에 정확한 카테고리에 노출될 수 있도록 작성해야 한다.

네이버 쇼핑 페널티: 구매평, 구매 데이터 등에서도 고의적인 데이터 변경 및 어뷰즈 행위가 발견될 경우, 약관에 위배되는 정상적인 판매 행위를 벗어나는 경우에 대해서는 해당 상품 또는 몰에서 취급하는 모든 상품에 대해 랭킹에 불이익이 주어질 수 있다. 또한 배송만족도, 상품만족도, 구매평/판매실적 어뷰징 및 상품정보 어뷰징 또한 네이버 쇼핑 페널티로 연결되기 때문에 판매자의 주의가 필요하다.

S M A R T S T O R E

 상품등록 전 이것만은 알아두자

스마트스토어 상품관리는 실제로 판매자가 판매하고자 하는 상품을 온라인에 전시하고, 판매할 수 있도록 구매고객들에게 노출하는 작업이다. 이전까지 매장 인테리어에 집중했다면 지금부터는 매장에서 판매할 아이템을 전시하는 작업을 진행한다고 생각하면 된다. 스마트스토어 상품등록은 PC와 모바일 모두 가능하며, 모바일에서는 일부 기능을 제외하고 동일하게 등록할 수 있다.

스마트스토어에서 등록한 상품은 내 스토어에 노출될 뿐만 아니라 윈도에 입점되어 있는 판매자의 경우 등록상품을 동시에 윈도에도 노출시킬 수 있다. 노출 시 스마트스토어 노출은 필수항목이며, 쇼핑윈도는 추가로 선택해서 노출 여부를 설정할 수 있다. 한 번의 등록으로 다양한 채널에 노출시킬 수 있는 것이다.

상품등록 시 주의사항을 알아보자

네이버는 무엇보다도 좋은 상품을 좋은 가격으로 믿을 수 있는 판매자를 통해 구매자들에게 제공하기를 원한다. 당연히 구매자가 쇼핑 검색결과에 노출되는 상품을 구매했을 때 구매에 혼란을 주는 행위를 하거나 정확하지 않은 상품정보를 등록해 판매했을 경우, 네이버는 판매자의 판매행위를 제재할 수 있다. 그렇기 때문에 판매자는 좋은 상품을 정확한 정보를 통해 구매자에게 전달하고자 노력해야 한다. 판매자가 주의해야 할 사항들은 다음과 같다.

☑ 허위상품 등록

등록하고자 하는 상품의 정보가 정확히 기재되어 있지 않거나, 정식 상품이 아닌 가짜 상품을 판매하는 행위, 또는 다른 브랜드의 이름을 사칭해 상품을 판매하는 행위 등이 여기에 속한다. 또한 상품명과 다른 제품을 판매하는 행위, 상세페이지를 통해 허위정보를 노출하거나, 판매자의 판매의사 없이 상품을 등록한 행위 모두 제재대상이 된다.

표 상품노출 과정

☑ 가품 판매

판매자들이 판매하는 상품 중에서도 네이버가 가장 예민하게 생각하는 것이 바로 가품이다. 실제로 네이버 쇼핑에서 '샤×스타일', '구×스타일'이라고 검색해보면 실제 명품스타일을 차용해 만든 가짜 상품을 판매하는 스토어를 종종 볼 수 있다. 판매자가 이런 상품을 등록했을 때 네이버가 처음부터 스마트스토어에서 아예 판매를 못 하게 막지는 않는다. 먼저 1차 경고, 2차 경고를 진행한 다음 판매자가 해당 상품을 삭제나 그 외에 어떠한 조치도 취하지 않는 경우라면 3차 경고 시 아예 해당 상품에 대해 판매중지 및 그 이상의 제재를 가한다. 사회적으로도 가품 판매가 문제 되는 상황이기 때문에 네이버는 더욱더 이런 판매자들에게 날을 세울 수밖에 없는 상황임을 인지하고 절대 가품은 판매하지 않는 것을 원칙으로 하자.

☑ 동일한 상품의 반복등록

판매자들이 많이 실수하는 부분 중 하나가 동일한 상품의 반복등록이다. 실제 여러 상품을 판매하다 보면 잘 팔리는 상품도 있지만, 판매가 전혀 이루어지지 않는 상품도 있다. 이럴 때 판매가 잘 안 되는 상품을 삭제하고, 동일한 형태로 다시 상품을 등록한다면 네이버는 어뷰징 행위로 간주해버린다. 또는 의도적으로 같은 상품을 반복해서 등록하거나 같은 상품을 카테고리만 변경해 등록하는 경우도 모두 어뷰징으로 볼 수 있다. 그리고 상품등록 시 이전에 등록했던 상품의 속성을 일부 변경했음에도 불구하고, 이전 상품과 동일한 상품으로 분류된다면 이것 역시 어뷰징으로 볼 수 있다.

판매자가 무심결에 한 상품등록을 놓고 네이버가 동일한 상품을 반복적으로 등록한 행위로 분류한다면 나중에 등록한 상품은 아예 노출되지 않거나 스마트스토어 지수에 영향을 미칠 수 있기 때문에 이런 행동은 하지 않도록 한다.

☑ 무분별한 옵션등록

예전 오픈마켓에 등록된 상품에는 하나의 페이지에 50개 정도의 옵션이 등록되어 있는 것을 흔히 볼 수 있었다. 예를 들어 상품명은 '여성 바지'로 등록되어 있으나 실제로 상품 페이지에 들어가면 블라우스, 티셔츠, 원피스, 치마, 바지 등 상품명과 관련 없는 여러 형태의 상품을 하나의 상품 페이지에 옵션 형태로 등록해서 판매하는 방식이다.

스마트스토어는 이런 형태의 상품등록은 구매자들에게 정확한 상품정보를 주지 못하며, 혼란을 야기한다고 판단해 상품의 노출 순위가 내려가게 만든다. 따라서 고객이 정확한 상품명을 검색하고 상품 페이지에서 정확한 상품정보를 찾아 구매할 수 있도록 하나의 페이지에 하나의 상품만 등록하도록 하자.

☑ 등록한 상품의 잦은 수정

상품을 한번에 SEO가이드에 맞춰 상위에 노출시킬 수 있도록 정확하게 등록할 수 있는 판매자는 거의 없다. 처음 등록하는 판매자라면 누구나 다 등록 시 체크하지 못했던 문제점을 등록 후 확인하는 경우가 대부분이다. 상품을 처음 등록했을 때 정확히 등록해서 상품을 정상적으로 판매하고 있는 판매자라 할지라도 판매를 진행하다 보면 상품 공급사에 따른 가격 변동 또는 택배비 변동 외에 여러 가지 외부요건들로 인해 상품을 수정해야 하는 경우가 있다.

만약 상품에 대한 수정이 필요한 경우라면 수정을 진행해도 괜찮다. 다만 앞서 설명했던 SEO와 관련되어 신뢰도 지수를 무너뜨릴 수 있는 수정은 될 수 있으면 피하는 것이 좋다. 여기서 말하는 신뢰도와 직결되는 항목은 고객들에게 구매 시 혼란을 줄 수 있는 상품명, 가격 등과 같은 구매에 영향을 주는 정보들에 대한 수정을 의미한다. 수정 없이 처음 등록한 상태로 쭉 판매를 진행할 수 있으면 괜찮겠지만, 수정이 필요하다면 어쩌다 한 번 정도 수정하자. 그제 판매가격 다르고, 어제 판매가격 다르고, 오늘 판매가격이 달라지는 수정이라면 판매지수에 나쁜 영향을 준다. 수정은 할 수 있지만 잦은 수정은 절대 해서는 안 된다.

☑ 가짜 구매활동

상품 검색 노출 순위를 상위로 올리는 데 영향을 주는 요소 중 하나가 판매지수다. 판매지수는 앞에서 언급한 네이버 SEO의 인기도 항목 내 판매지수와 연결되는 부분이다. 이렇게 판매지수가 집계되어 노출순위에 반영되기 때문에 초기에 많은 판매자들이 가족이나 지인, 친구 상품의 URL을 직접 전달해 구매하도록 유도한다. 이렇게 실제 구매를 위해 상품을 구매하는 구매자가 아닌 구매를 의도적으로 일으켜 판매지수를 높이고자 하는 행위를 가짜 구매활동으로 여긴다. 물론 실제 가족이 내가 등록한 상품을 직접 사용하기 위해 구매할 수 있다. 그러나 특정 판매패턴이 지속적으로 이루어지거나 가짜 구매활동으로 볼 만한 패턴들이 보이면 네이버는 제재를 가하게 된다. 또한 SEO의 신뢰도 항목에 대해 어긋나는 사항이기 때문에 가급적이면 이런 판매시도는 하지 않는 것이 좋다.

"지피지기면 백전백승"이라는 말이 있다. 스마트스토어에서 판매를 성공적으로 이끌기 위해서는 무엇보다도 스마트스토어에 대해 이해해야 한다. 내가 등록한 상품이 잘 팔릴 것인가 안 팔릴 것인가는 상품등록에 달려 있다. 얼마큼 스마트스토어에서 요구하는 대로 상품등록을 했는가가 중요하다. 이 외에 스마트스토어가 요구하는 판매자의 판매요건을 얼마나 충족시켰는지도 상위노출과 관련이 있다. 그렇기 때문에 상품을 등록하는 방법이나 노하우만 알아야 할 것이 아니라 스마트스토어를 전반적으로 이해해 내 상품을 최대한 높은 순위에 노출시켜 판매가 이루어질 수 있도록 한다. 그리고 검색결과를 통해 실제 판매자들이 어떻게 판매하고 있으며, 현재 검색 키워드의 결과로 상위에 노출된 상품들은 어떤 상품들이 노출되는가에 대한 분석해야 한다. 또 해당 상품들을 어떻게 등록했는가에 대한 분석, 즉 경쟁사에 대한 벤치마킹도 반드시 필요하다.

☑ 체크 포인트 1: 상품노출 영역 이해
등록한 상품은 키워드 검색 시 네이버 쇼핑의 상품 검색결과 페이지에 상품이 노출된다. 판매자가 중요하게 확인해야 할 포인트는 내 상품키워드를 검색했을 때 내 상품이 검색결과 페이지 중 몇 페이지에 몇 순위로 노출되는가다. 그렇다고 해서 단순히 내 상품의 순위만을 보기보다 전반적으로 쇼핑 검색결과에 어떠한 정보들이 어떻게 노출되는지 각각의 영역을 이해할 필요가 있다.

그림 네이버 쇼핑 상품 검색결과

쇼핑연관 검색어: 쇼핑연관 검색어는 실제 입력한 키워드와 연관도가 높은 키워드를 추천해주는 영역이다. 사용자들이 실제 키워드와 함께 많이

검색한 키워드다. 이 영역에 노출되는 키워드는 검색 키워드 외에 관련된 키워드들이 노출되는 영역이므로, 아이템 선정 시 또는 아이템 선정 후 상품등록을 할 때 제목 키워드로 활용하면 좋은 키워드다. 놓치지 말고 데이터랩이나 키워드 도구를 활용해 키워드 분석이 진행하자.

만약 내 상품과 관련 없는 키워드임에도 불구하고 쇼핑연관 검색어에 노출되는 키워드라는 이유만으로 상품 제목이나 상품등록 시 해시태그 영역에 해당 키워드를 넣는 우를 범하지는 말자.

그림 **쇼핑연관 검색어**

검색필터: 쇼핑연관 키워드 영역 하단으로 노출되는 영역이 검색필터 영역이다. 공통적으로 필터 항목에 카테고리, 배송/혜택/색상은 모든 상품에 동일하게 노출되나 그 외에 제조사, 키워드 추천, 용도, 브랜드 등 상품 속성과 관련 카테고리는 검색 상품 키워드에 따라 다르게 노출된다.

해당 필터 중 '키워드 추천' 항목은 검색 키워드와 함께 많이 검색되는 키워드로 볼 수 있다. 따라서 키워드 추천영역에 노출되는 키워드도 쇼핑연관 검색어와 함께 분석해야 하는 키워드다.

배송/혜택/색상 역시 눈여겨봐야 할 영역 중 하나다. 이 영역에 노출되는 항목들 역시 고객이 상품검색 시 필터 역할을 하기도 하지만 항목 특성상 고객들에게 혜택을 주는 항목들만 노출되어 있음을 알 수 있다. 다시 말해 고객들에게 혜택을 주는 행위는 SEO에서 봤을 때 인기도 항목과 연

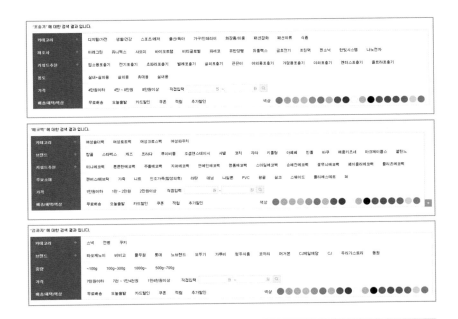

그림 키워드에 따른 검색필터

결될 수 있는 부분이기 때문에 상품등록 시 해당 항목들을 고려해 상품을 등록하도록 하자.

상품 검색결과: 필터 영역 하단으로 노출되는 내용이 키워드 검색결과 영역이다. 이 영역에서는 실제 키워드와 매칭도 및 상품지수가 높은 상품 순으로 노출된다. 노출 순위 중 많은 판매자가 오해하는 항목이 광고상품 영역이다. 통합검색 결과 창에는 상위 2개의 결과가, 쇼핑검색 결과 페이지에서는 키워드에 따라 최대 8개까지의 광고상품이 노출된다. 이 영역에 노출되는 상품들은 판매자가 상품을 특별히 등록을 잘하거나 상품의 판매지수가 높은 순서대로 노출되는 것이 아닌 광고주들이 CPC(Cost Per Click)

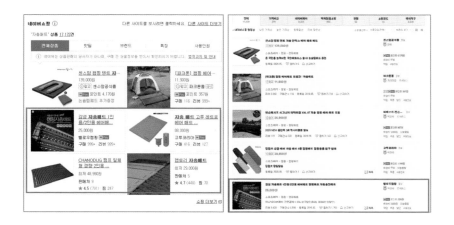

그림 **상품 검색결과**

광고비용을 입찰해 노출되는 영역이다. 당연히 광고 없이는 상품을 해당
영역에 노출시키기 어려우므로 광고상품을 제외한 그다음에 노출되는 상
품부터 1등 상품으로 생각하면 된다.

검색결과로 노출되는 상품을 통해서도 우리가 참고해야 할 사항들이 있
다. 다음 페이지 표를 참고하자. 카테고리, 배송비, 오늘출발의 경우 상품등
록 시 판매자가 직접 등록해야 하는 영역이므로 SECTION 03에서 다시 한
번 자세히 설명하도록 하겠다.

그림 **상품 검색결과 상세**

카테고리: 상품이 등록된 카테고리를 확인할 수 있다.

리뷰·구매건수: 실제 이 상품을 고객들이 얼마나 구매를 했는지 가늠할 수 있는 데이터다. 구매건수의 경우 6개월간 실제 구매한 데이터를 기반으로 노출해주기 때문에 대략 한 달 평균 해당 상품이 얼마나 판매되었는지 가늠하는 데 참고지표로 사용할 수 있다. 리뷰 역시 고객이 구매 후 남긴 데이터로 제품에 대한 고객의 생생한 목소리를 들을 수 있는 창구 역할을 한다. 따라서 나중에 상품등록 시 다른 상품에 등록되어 있는 리뷰를 참고해 관련 내용을 상품의 상세페이지에 반영한다면 좀 더 정확한 정보를 고객들에게 전달할 수 있을 것이다.

배송비: 타 업체들은 얼마에 해당 상품이 출고되고 있는지 파악할 수 있다. 만약 검색결과로 노출된 상품이 무료배송이 많다면, 내 제품을 무료배송으로 설정하는 방법을 생각해보는 것도 좋다. 그것이 아니라면 업체들이 판매하는 배송비를 참고해 내 배송비를 결정하는 것도 하나의 방법이 될 수 있다.

오늘출발: 상품등록 시 오늘출발로 등록된 상품의 경우 배송비 옆에 오늘출발로 노출된다. 비슷한 상품을 판매하는 판매자들이 주로 오늘배송을 설정해놓고 판매하고 있다면 자신의 스토어에서도 오늘출발을 판매전략 중 하나로 가져가도 좋겠다.

쇼핑 인기검색어/인기브랜드/인기쇼핑몰: 쇼핑 인기검색어, 인기브랜드, 인기쇼핑몰의 경우 키워드 검색 날짜를 기준으로 각각의 내용을 보여준다. 쇼핑 인기검색어의 경우는 검색 키워드와 상관없이 현재 지금 가장 많이 검색하는 검색어 순으로 노출해주며, 여기에 노출되는 키워드 중 내가 판매하고 있는 상품과 관련 있는 키워드가 있다면 바로 캐치해서 분석해보는 것도 하나의 방법이다.

인기브랜드의 경우 실제 내가 검색한 키워드와 관련 있는 브랜드들을 노출해준다. 검색 키워드로 '자충매트'를 검색했다면 자충매트와 관련 있는 검색량이 많은 브랜드 순위다. 여기에 노출되는 브랜드들은 상품등록 전 브랜드 스토어나 브랜드에서 판매하는 상품의 상세페이지를 참고해 벤치마킹하는 데 활용하면 좋다.

마지막으로 인기쇼핑몰이다. 인기쇼핑몰의 경우 역시 검색 키워드 기반으로 검색한 상품을 판매하는 쇼핑몰 중 가장 인기 있는 쇼핑몰의 순위를 보여주는 영역이다. 검색결과를 보면 오픈마켓들도 보이기도 하지만, 해당 상품을 취급하는 인기 있는 쇼핑몰을 확인하는 데 도움을 주는 데이터다. 이 데이터 역시 꼼꼼하게 분석한다면 의외의 경쟁업체를 찾을 수 있기 때문에 틈틈이 해당 영역도 참고하도록 하자.

쇼핑 인기검색어	
1 덴탈마스크	-
2 유한킴벌리 덴탈마스크	-
3 국산 덴탈마스크	▲ 1
4 마스크	▼ 1
5 수술용 마스크	▲ 49
6 음식물처리기	
7 일회용 마스크 50매	▼ 1
8 헤드셋	▼ 1

인기브랜드		더보기 ▸
	일간	주간
1 에어박스	▲ 1	
2 인텍스	▼ 1	
3 파크론	▲ 2	
4 데이타임	▲ 2	
5 네이처하이크	▲ 2	
6 코베아	▼ 2	
7 스패로우	▲ 1	

인기쇼핑몰		더보기 ▸
	일간	주간
1 G마켓	- 0	
2 인터파크	- 0	
3 11번가	- 0	
4 헬로우캠핑		
5 옥션		
6 고루 코리아		
7 쿠팡	- 0	

그림 쇼핑 인기검색어/인기브랜드/인기쇼핑몰

✓ 체크 포인트 2: 상위노출 상품 분석

상품을 잘 등록하고 싶다면, 등록한 상품을 잘 판매하고 싶다면 지금 잘 하고 있는 스토어부터 분석하자. '반고침낭'을 쇼핑 검색에서 검색해보면 캠퍼스랩에서 판매하는 침낭이 광고상품을 제외하고 바로 1등으로 노출 된다.

여기서 우리는 노출 순위가 아닌 실제 이 상품을 클릭하고 들어가서 직 접 내용을 봐야 할 필요가 있다. 상품 상세에서 우리가 확인해야 할 내용은 제품명, 가격, 상세페이지, 혜택, 태그, 리뷰 영역이다.

제품명 같은 경우 내가 판매하고자 하는 상품과 유사한 상품이라면 상 위노출 상품의 제목 키워드 분석을 통해 내 상품명에서도 활용할 수 있다. 다만 상대 판매자가 쓴 키워드가 좋아 보인다고 무조건 쓰는 것이 아니라 반드시 분석 과정을 거쳐야 한다.

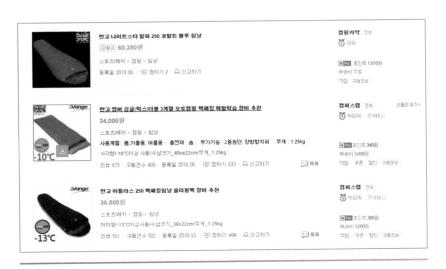

그림 반고침낭 검색결과

가격은 얼마에 판매하고 있는지, 같은 상품이라면 내가 상대 판매자가 판매하는 가격에 맞춰서 또는 더 낮춰서 판매할 수 있는가에 대한 여부를 분석해볼 필요가 있다.

상세페이지는 전반적인 구성 및 내용을 확인해봐야 한다. 전반적인 내용 구성에서 좋은 점은 어떤 것이 있는지, 반대로 아쉬운 점이 어떤 것이 있는지, 어떠한 내용을 상세페이지에 녹여내고 있는지 등을 분석해야 하는 것이다. 또 분석하고 끝이 아니라 분석한 내용을 토대로 좋은 점은 내 상세페이지에 반영하고, 아쉬운 점은 개선해 내 상세페이지에 넣도록 하는 것이 중요하다. 이런 과정을 통해 나만의 상세페이지 레이아웃이 만들어지는 것이지 하루아침에 뚝딱 만들어지지 않음을 명심하자.

혜택은 SEO에서도 언급했듯이 인기도 지수를 높여주는 지표로 사용되기 때문에 되도록 고객들에게 혜택을 주는 것이 좋다. 혜택이라는 단어 자체가 부담스러운 판매자라면 다른 판매자가 상세페이지를 통해 고객들에게 제공하고 있는 혜택이 어떤 것인지 꼭 살펴보도록 하자.

마지막으로 태그 영역이다. 태그 영역은 판매자가 직접 등록하는 해시태그를 의미하는데, 상대 판매자가 등록한 해시태그를 통해 새로운 키워드를 발견할 수 있을 뿐만 아니라, SNS 마케팅으로도 사용할 수 있는 태그들을 추려내는 데 도움을 준다.

실패하지 않는 상품등록 하기

이제 본격적으로 상품을 등록할 차례다. 실제 상품을 어떻게 등록하느냐에 따라 등록한 상품은 상위에 노출되기도 하고, 아예 노출 순위조차 확인할 수 없을 정도로 낮은 순위에 노출되기도 한다. 이런 이유로 상품등록은 스마트스토어 운영에서 가장 중요한 부분이라고 말해도 과언이 아닐 것이다.

상품등록은 스마트스토어센터 좌측에 있는 메뉴 [상품관리 > 상품등록] 메뉴를 통해 상품을 등록한다. 상품등록 시 필수항목이라고 표시된 항목은 판매자가 꼭 등록해야 하는 항목이다. 해당 필드가 입력되지 않으면 상품등록이 원활하게 진행이 되지 않거나 아예 등록되지 않는 경우가 발생하기 때문에 필수항목의 요소는 꼭 입력하도록 하자. 필수항목이 아닌 항목들 중에도 꼭 입력이 필요한 항목들도 있다. 좀 더 세세하게 이야기해보자.

정확한 카테고리를 설정하라

카테고리는 판매자가 현재 등록하고자 하는 상품이 어느 카테고리에 등록되어야 하는가를 선택한 부분이다. 네이버 쇼핑에 등록되는 모든 상품은 하나의 카테고리에 매칭되어 서비스되기 때문에 상품등록 시 필수로 등록해야 하는 부분이다. 상품에 정확한 카테고리를 등록함으로써 상품의 노출 순위를 상위로 끌어올릴 수도 있고, 잘못 등록한 카테고리 때문에 아예 찾을 수 없는 순위 밖으로 노출되는 경우도 있다. 그렇기에 무엇보다도 판매자는 정확한 카테고리 등록이 필요하며, 등록을 위해서는 몇 가지 알아두어야 할 사항들이 있다.

☑ 벤치마킹을 통한 카테고리 확인

판매자 중에는 본인이 판매하고자 하는 상품의 정확한 카테고리를 설정할 수 있는 판매자가 있는가 하면, 어떤 카테고리에 상품을 등록해야 할 것인가를 어려워하는 판매자가 있다. 대표적인 상품이 '프리저브드플라워'다. 프리저브드플라워가 정확히 어떤 상품인지 모르거나 어떤 카테고리에 등록을 해야 할지 모호한 경우라면 일단 해당 키워드로 상품을 검색해보자.

실제 프리저브드플라워를 검색해보면 대부분의 판매자가 '생활건강 > 원예/식물 > 보존화' 카테고리로 분류된 것을 확인할 수 있다. 이렇게 검색결과를 통해 다른 판매자들이 어떤 카테고리 상품을 등록했는가를 확인해본다면 모호한 상품일지라도 쉽고 빠르게 카테고리를 선택할 수 있다.

그림 **프리저브드플라워 검색결과**

☑ 매칭도 높은 카테고리 설정

상품 카테고리를 선택할 때 무엇보다도 중요한 것은 매칭도가 높은 카테고리를 선택하는 것이다. 이것은 네이버 검색노출을 위한 SEO에서 적합도 항목 중 카테고리 선호도와 같은 이야기다. 앞에서도 언급했듯이 카테고리 선호도가 높은 카테고리에 상품을 등록해야 상품 노출 순위에 있어 추가 점수를 받을 수 있기 때문에 판매자는 최대한 상품에 따른 카테고리 선호도가 높은 카테고리를 선택해야 한다. 그렇다면 이런 카테고리를 어떻게 선택할 수 있을까? 몇 가지 예시를 보자.

그림 **자충매트 검색결과**

검색창에 '자충매트' 상품을 검색해 카테고리 영역을 보자. 광고상품을 제외하고 검색결과 첫 페이지에 나타나는 상품들이 '스포츠레저 > 캠핑 > 캠핑매트'에 등록되어 있음을 확인할 수 있다. 만약 아이템이 자충매트라면 고민할 필요 없이 위의 카테고리 상품을 등록하면 된다.

만약 내가 판매하고자 하는 상품이 '포충기'라면 같은 방법으로 쇼핑 검색창에 포충기를 입력 후 결과를 보도록 하자. 포충기 상품은 '디지털/가전 > 생활가전 > 해충퇴치기' 카테고리에 등록되어 있다. 이렇게 상품을 등록하기 전에 등록하고자 하는 상품을 검색하고, 검색결과로 노출되는 카테고리가 특정 하나의 카테고리에 집중되어 있다면 해당 카테고리 매칭도가 높은 것으로 볼 수 있으며 이 카테고리에 상품을 등록하면 된다.

☑ 확정 카테고리 vs. 비확정 카테고리

상품 카테고리는 확정 카테고리와 비확정 카테고리로 나눌 수 있다. 앞서 설명했던 것처럼 상품 키워드 검색결과 첫 페이지에 노출되는 상품의 카테고리가 특정 카테고리로 집중되어 있다면 이 상품에 대한 확정 카테고리라고 할 수 있다. 확정 카테고리는 상품등록 시 크게 고민할 필요 없이 노출되는 카테고리를 따라 그대로 등록하면 되기 때문에 크게 어려움은 없다.

여기서 집중해야 할 것은 비확정 카테고리다. 비확정 카테고리는 상품 키워드 하나에 특정 카테고리 하나가 집중되어 노출되는 형태가 아닌 검색결과 첫 페이지임에도 불구하고 여러 카테고리가 혼재되어 나타나는 경우를 의미한다.

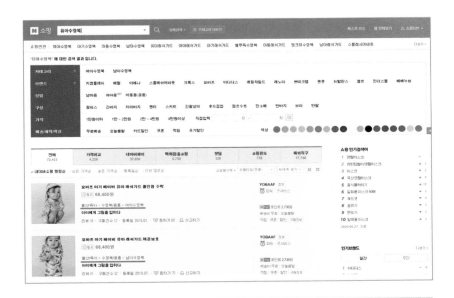

그림 유아수영복 검색결과

유아수영복 키워드를 검색해보자. 앞에서 설명했던 것처럼 검색결과를 통해 카테고리를 확인 할 수 있으나, 노출되는 카테고리를 보면 '출산/육아 > 수영복/용품 > 여아수영복', '출산/육아 > 수영복/용품 > 남아수영복' 이 2가지 카테고리가 혼재되어 노출되는 것을 확인할 수 있다.

또 하나 검색결과 상단에 필터 영역을 주목해보자.

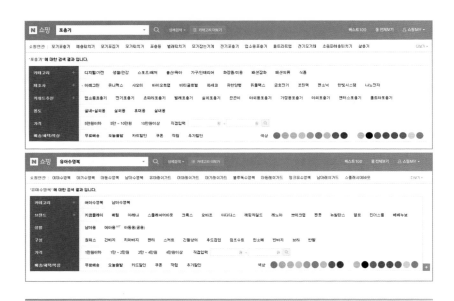

그림 포충기(위)와 유아수영복(아래) 검색결과 카테고리 비교

두 검색결과를 높고 봤을 때 포충기는 확정 카테고리 상품 키워드이고, 유아수영복은 비확정 카테고리 상품 키워드임을 알 수 있는 부분이 바로 필터 영역 내 카테고리 항목이다. 확정 카테고리의 경우 카테고리 항목에 대 카테고리 중심으로 상품이 등록된 카테고리가 나열되지만, 비확정 카테고리의 경우 대 카테고리 중심이 아닌 소 카테고리 혹은 세 카테고리명이 바로 노출됨을 알 수 있다.

이런 경우라면 해당 상품 키워드에 대한 카테고리가 확정되지 않은 상태이기 때문에 노출되는 카테고리 중 어떠한 카테고리를 선택해도 무방하다. 따라서 내가 등록하고자 하는 상품의 카테고리가 어떤 형태의 카테고리를 가지고 있는지 다시 한번 확인해볼 필요가 있겠다.

그렇다면 본격적으로 카테고리 항목을 입력해보도록 하자.

카테고리명 검색은 판매자가 등록하고자 하는 상품과 매칭되는 키워드를 입력하고 검색하면 입력한 키워드가 들어 있는 카테고리의 목록을 보

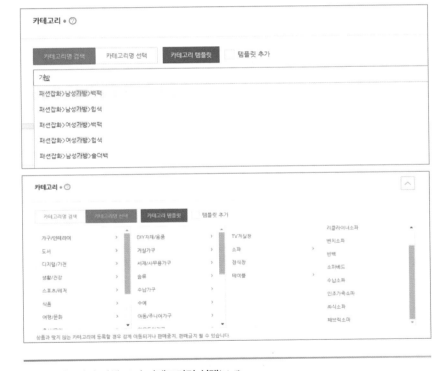

그림 **카테고리명 검색**(위)과 **카테고리명 선택**(아래)

여주는 기능이다. 예를 들어 '가방'이라는 키워드를 입력하면 그와 관련한 카테고리가 나온다. 여기서 나온 결과 중 등록하고자 하는 상품과 매칭되는 카테고리를 선택한다.

카테고리명 선택은 대 > 중 > 소, 각 카테고리를 직접 하나하나 선택할 수 있는 기능이다. 자신이 등록하고자 하는 카테고리가 어디 있는지 정확히 알고 있다면, 가장 쉽고 빠르게 등록하는 방법이다. 하지만 정확한 카테고리를 알지 못한다면 원하는 카테고리를 찾기 어려우므로, 등록 전 카테고리를 먼저 찾아야 시간을 단축시킬 수 있다.

카테고리 템플릿은 자주 등록한 카테고리를 템플릿으로 저장해두고, 저장된 템플릿 목록에서 선택해 적용하는 기능이다. 등록하고자 하는 상품의 카테고리 수가 한정되어 있을 때, 또는 동일한 카테고리 상품을 반복적으로 등록할 때 사용하면 쉽고 빠르게 카테고리를 등록할 수 있다.

카테고리 등록을 했다면 상품등록 전까지 다시 한번 카테고리를 확인하도록 하자. 상품등록 후 상품을 수정하고자 하는 경우가 많은데 이때 중, 소, 세 카테고리는 수정이 가능하지만 대 카테고리의 경우 수정이 불가하기 때문에 대 카테고리부터 수정해야 한다면 그 상품은 다시 등록해야 한다. 그렇기 때문에 마지막까지 문제가 없는지 확인하는 것이 중요하다.

카테고리 템플릿		✕

카테고리	선택	삭제
생활/건강>주방용품>제과/제빵용품>쿠키커터/모양틀	선택	삭제

그림 **카테고리 템플릿**

☑ 상위노출되는 키워드로 입력하는 제목

스마트스토어에서 상품 노출에 가장 큰 영향을 주는 영역이 바로 제목이다. 제목을 어떻게 쓰느냐에 따라 검색창에 입력하는 검색 질의어와 매칭되어 내 상품이 노출되기도 하고, 노출되지 않기도 한다. 그렇기 때문에 무조건 상품명을 쓰기 전에 상품명에 넣을 키워드를 분석해 추려내는 단계가 가장 중요하다.

상품명에 쓸 수 있는 키워드는 대표키워드와 세부키워드로 분류해서 볼 수 있다. 여기서 세부키워드란 대표키워드를 조금 더 세부적으로 설명해줄 수 있는 키워드를 의미한다. 예를 들어 '여자청바지' 키워드의 경우 '여자청바지추천', '편안한여자청바지', '30대여자청바지' 등이 세부키워드다. 대표키워드는 메인 키워드이기 때문에 검색량이 많고 등록되어 있는 상품이 많아 경쟁이 심하기 때문에 세부키워드를 제목에 같이 넣어줌으로써 상품을 잘 노출시킬 수 있다. 따라서 상품명 작성 전에는 상품명에 넣고자 하는 대표키워드와 함께 세부키워드까지 반드시 분석해야 한다.

☑ 신뢰도를 높이는 판매가 설정

판매가는 상품을 소비자에게 얼마에 판매할 것인가를 결정하는 부분이다. 최저 10원 이상부터 10원 단위로 등록할 수 있다.

상품의 판매가를 입력했다면 '할인' 기능을 통해 구매자들에게 판매가 외에 상품에 대한 할인이 가능한 비율을 퍼센트(%)로 설정해놓을 수 있다. 판매자 입장에서는 고객에게 혜택을 주는 의미로 활용할 수 있으며, 구매자들에게는 '같은 상품을 조금 더 저렴하게 산다'라는 느낌을 줄 수 있으므로, 상품등록 시 할인 기능을 적절히 활용하도록 하자.

그림 **판매가 설정**

판매가 설정 TIP

판매가는 사입해온 상품에 일정 마진율을 붙여서 책정한다.

❶ 판매가 책정 시 책정된 금액 안에 배송비를 포함해 무료배송을 할 것인지, 유료배송을 할 것인지, 부분 무료배송을 할 것인지 고려해야 한다.

❷ 판매가에 기본적으로 마진과 배송비를 고려했다면 포장비와 인건비까지 판매가에 포함되어 있는지 계산해볼 필요가 있다. 택배로 상품을 보내다 보면 박스 외에 부자재 비용이 많이 들기 때문에 이 부분 또한 고려해야 한다.

❸ 판매가를 통한 어뷰징 행위는 네이버의 제재대상이다. 초기 상품등록 시 금액을 실판매금액의 10%도 안 되는 금액으로 등록한 뒤 가구매가 일어난 후 추후 가격을 원상태로 올려놓는 행위는 어뷰징 행위로 판단하고 있다. 초기 상품등록 시 정확한 상품가를 계산해 등록하자.

☑ 재고수량 입력

재고수량은 판매 가능한 상품의 수량을 입력하는 영역이다. 보유수량이 10개지만 재고수량이 100개로 등록되어 있다면, 추후 수량을 벗어난 주문건에 대한 처리가 어려울 수 있으므로 자신이 소화할 수 있는 범위의 수량을 입력하도록 하자.

재고수량 입력 TIP

❶ 출고된 상품 중에 반품이나 교환이 발생할 수 있으므로, 재고입력 시 가지고 있는 재고를 모두 입력하지 말고, 안전재고를 제외한 수량을 입력한다.

❷ 재고가 0이 되면 품절처리 되어 검색에서 노출되지 않기 때문에 지속적으로 판매할 상품이라면 재고가 0이 되지 않도록 재고수량을 수시로 업데이트해야 한다.

☑ 고객에게 선택지를 주는 옵션

옵션은 상품등록 시 반드시 입력해야 하는 필수 항목은 아니지만, 상품 속성에 따라 입력이 필요하기도 하다. 즉 상품을 구매할 때 고객이 색상, 사이즈 등을 선택해야 한다면 옵션을 반드시 등록해야 하지만, 등록하고자 하는 상품이 '여성용 프리사이즈 빨간색 티셔츠'처럼 굳이 고객이 색상이나 사이즈를 선택할 필요 없는 단일 상품이라면 굳이 하지 않아도 된다.

옵션 입력방식은 '색상/사이즈 간편 입력', '직접 입력하기', '엑셀 일괄 등록', '다른상품 옵션 불러오기'의 4가지 방식이 있다. 색상/사이즈 간편 입력의 경우 상품을 등록하고자 하는 카테고리에 따라 등록이 불가능하

그림 옵션 설정 시 색상/사이즈 간편 입력(위)과 직접 입력(아래)

표 간편 입력과 직접 입력 한눈에 보기

구분	색상/사이즈 간편 입력	직접 입력	
		단독형	조합형
옵션별 이미지 등록	○	×	×
옵션별 재고관리	○	×	○
옵션별 추가금액 설정	×	×	○
쇼핑검색 필터 노출	○	×	×

154

옵션등록 TIP

❶ 조합형으로 옵션등록 시 옵션가가 무조건 0원인 상품이 하나 이상 있어야 상품등록이 가능하다.

❷ 상품 옵션가격 설정 시 마이너스(−) 금액으로도 설정이 가능하다.

❸ 옵션가 설정에는 상품판매가 대비 설정 가능한 범위가 있으므로, 등록 가능한 범위를 확인한 후 옵션가격을 설정하도록 하자.

판매가 기준	판매가 범위	옵션가 범위
−50~100%	0~2천 원 미만	0~1만 원 이하
	2천 원 이상~1만 원 미만	−50% 이상~1만 원 이하
	1만 원 이상	−50% 이상~+100% 이하

기도 하다. 예를 들어 여성 숄더백 카테고리에 상품을 등록한다면 색상/사이즈 간편 입력 항목이 노출되지만, 빵틀을 등록한다면 노출되지 않는다.

만약 등록하고자 하는 상품에 색상/사이즈 간편 입력 옵션이 있다면 고민하지 말고 해당 방식으로 등록하도록 하자.

☑ 상품이미지

상품이미지는 구매자에게 보이는 판매상품 이미지를 등록하는 영역이다. 상품이미지는 대표이미지 1장에 추가이미지 9장까지 총 10장을 등록할 수 있다. 여기서 추가이미지는 선택사항으로, 해당 상품을 정확하게 표현할 수 있는 선명한 고해상도 이미지를 사용할 것을 권장한다.

표 상품이미지 등록기준

구분	등록기준
이미지 크기	300×300px 이상, 500×500px 권장, 최대 4000×4000px 이하 (패션의류/패션잡화 카테고리의 경우 화보에 준하는 1000×1000px 이상 권고)
이미지 형식	JPG
이미지 수량	기본이미지 1개 + 추가이미지 2개

상품 이미지를 등록할 때는 '상품 이미지 등록기준' 표를 참고하자. 추가로 이미지 등록 시 다음의 몇 가지 사항들을 지킨다면 상품을 상위노출 시키는 데 도움이 될 것이다.

파일명: 스마트스토어에 상품 이미지를 등록하면 실제로 노출되는 부분은 상품 이미지 자체이지 등록한 파일명이 직접 노출되지는 않는다. 그래서인지 많은 판매자들이 실수하는 부분 중 하나가 섬네일 이미지의 파일명을 아무 의미 없이 'aaa.jpg', 'bbb.jpg', 'ccc.jpg' 이런 형태로 저장한다는 것이다. 파일명에 무의미한 내용을 넣기보다는 상품의 대표 키워드를 넣어 파일명을 작성하도록 하자. 이런 소소한 부분이 나중에 큰 차이를 만들 수 있다.

이미지 라인업: 대표이미지 1장에 추가이미지 9장까지 등록되는 이미지는 상품등록 완료 후 상세페이지에서 확인할 수 있다.

다음 페이지의 상품 이미지를 보자. 이 이미지는 모바일과 PC에서 동일하게 페이지 상단에 노출되지만, 모바일의 경우 디바이스의 크기를 생각한다면 통상 화면의 2/3 정도로 이미지가 크게 보인다. 예시로 둔 상품은 실제 판매했을 때 PC에서보다는 모바일에서 구매율이 더 높게 나

상품이미지 등록 가이드 준수

❶ 이미지 내에 과도한 텍스트/워터마크/도형이 포함된 경우(브랜드, 스펙 설명 등 제품 사진을 가리지 않는다면 어느 정도 허용)

❷ 초점이 흐리거나 확대하지 않아도 픽셀이 깨지는 이미지

❸ 상품이미지는 비교적 정상이나 배경이 어지러워 상품을 구분하기 힘든 이미지

❹ 매장에 디스플레이된 상태 그대로 촬영하거나 여러 소품을 이용해 연출한 상황을 촬영한 이미지

❺ 실제 상품과 다르게 과도하게 보정된 이미지 또는 상품과 관계없는 다른 이미지를 노출한 경우

❻ 상품 2개 이상, 모델 2명 이상 이미지에 노출

❼ 단일상품의 앞/뒤/옆 부분을 모두 하나의 이미지로 표현하거나 해당 상품을 구성하고 있는 상품을 나열하고 찍은 이미지

❽ 색상만 다른 제품이 하나의 이미지로 되어 있는 형태

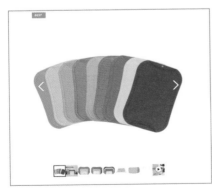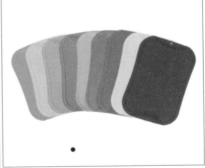

그림 PC(왼쪽)와 모바일(오른쪽)에서의 이미지 노출

온다. 즉 많은 사람들이 상품을 구매할 때 PC보다는 간편한 모바일 구매를 선호한다고 해석할 수 있는 부분이다.

바로 이 부분이 포인트다. PC에서 보는 상세페이지는 큰 화면에서 큼직 큼직하게 보이기 때문에 섬네일에서 보여주지 못한 이미지를 상세페이지에서 보여주면 되지만 모바일은 대부분 섬네일을 확인하고 상세페이지에서는 눈에 띄는 정보 외에 필요한 상품 스펙 정도만 확인하고 구매하기 때문에 모든 이야기를 섬네일을 통해서 풀어야 한다는 것이다. 이제 더 이상 주먹구구식으로 이미지를 입력하기보다 전략적으로 이미지를 준비하도록 하자.

> 대표이미지 → 썸네일 / 누끼컷
>
> 서브이미지 → 사용이미지(설정샷) → 디테일이미지 순으로 등록

이미지 등록 벤치마킹: 이미지 등록 가이드 내용을 보면 대표이미지는 흰 배경에 상품이 잘 보일 수 있도록 한가운데 상품이 배치되어 있는 소위 말하는 '누끼컷'을 사용하라고 이야기한다. 그렇다면 구스다운 이불이나 호텔침구 키워드의 상품들은 어떨까? 흰색 이불을 과연 누끼컷으로 등록할 수 있을까? LED 벽시계와 같은 상품은 또 어떠한가? 즉 상품에 따라서는 누끼컷으로 등록하기 어려운 상품들이 분명 존재한다. 이런 상품의 경우 상품 키워드를 검색해 노출되는 이미지들을 벤치마킹해보자.

구스다운 이불의 경우 상위에 노출된 상품들 대부분이 침대 위에 이불이 펼쳐져 있는 사진을 대표이미지로 사용하고 있다. 이런 이미지는 이미지 등록 가이드 기준에는 어긋나지만 해당 상품이 노출되는 이유는 침대

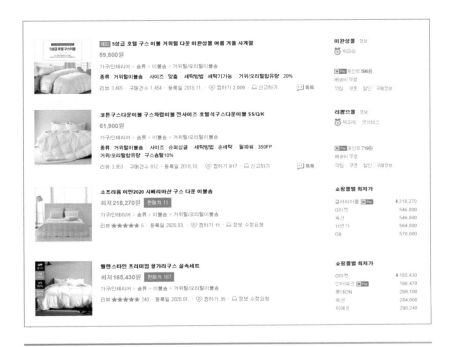

그림 **구스다운 이불 검색결과**

에 펼쳤을 때 제품이 잘 보이기 때문이다. 즉 상품을 가장 잘 보이게 찍었기 때문에 해당 이미지를 사용해도 상위노출에 문제없다는 이야기다.

이렇듯 이미지에는 카테고리 특성이 적용된다. 카테고리별로 상품을 잘 보이게 하는 방식이 모두 다르기 때문에 꼭 누끼컷이 아니어도 상품이 잘 보이는 이미지라면 등록해도 문제없다. 지금 등록하고자 하는 상품의 대표이미지를 등록해도 될지 말지 고민하고 있다면 망설이지 말고 관련 상품 키워드로 상위노출되는 이미지를 참고해보도록 하자. 그러면 답이 나올 것이다.

동영상: 기존에 고객에게 상품을 보여주는 방식이 단순 이미지를 활용한

그림 동영상 등록하기

정보전달에 그쳤다면, 스마트스토어에서는 동영상 등록을 통해 상품의 정보를 사실적으로 고객들에게 전달할 수 있도록 하고 있다.

동영상이라 하면 우리가 흔히 유튜브나 네이버TV를 통해 보는 전문적인 콘텐츠를 떠올리기 때문에 많은 판매자들이 부담스러움을 느끼고 등록을 하지 않는 경우가 대부분이었다. 또 필수 입력사항이 아니기에 그냥 넘어가는 경우도 많았다. 하지만 이제부터는 짧은 동영상이라도 제작해

그림 네이버 검색결과 중 동영상 영역에 노출된 스마트스토어 상품

서 등록해야 한다.

　실제 '불교용품'이라는 키워드를 검색해 나온 결과를 보자. 맨 우측에 노출된 콘텐츠를 보면 스마트스토어에서 동영상이 등록됨을 알 수 있고, 이 섬네일을 클릭하면 바로 해당 상품을 판매하는 스마트스토어로 바로 이동한다.

　다시 말해 스마트스토어 상품등록 시 동영상을 함께 등록한 상품이라면, 상품 키워드 검색 시 동영상 영역에 해당 영상이 검색결과로 노출되어 스마트스토어로 유입시키는 창구로 활용할 수 있다. 판매자 입장에서는 쇼핑 검색결과 영역만이 노출 창구였다면 이제 창구가 하나 더 생긴 셈이다. 그렇기 때문에 조금 번거롭더라도 짧은 영상이라도 촬영해 입력하도록 하자. 등록된 영상은 위에서 입력했던 섬네일 뒤쪽에 노출된다.

　동영상 등록 시 주의사항은 다음과 같다.

- 1분 이내의 짧은 영상을 올린다.
- 상품에 집중할 수 있는 영상을 올린다.
- 과한 앵글이나 상품 정보에 혼란을 줄 수 있는 영상은 피한다.
- 동영상 타이틀은 20자 이내로 영상과 관련된 상품 키워드를 가지고 입력한다.

　등록한 영상은 우측 맨 끝에 등록 시 동영상 대표 섬네일로 선택했던 이미지가 노출되며, 이미지 클릭 시 우측에서 보이는 것처럼 대표이미지 영역에 영상이 보인다.

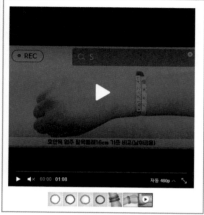

그림 **동영상 노출 시 섬네일**

쇼핑윈도의 경우 동영상 등록 시 영상이 짧은 GIF(움직이는 이미지)로 자동변환되어, 윈도 대표이미지로 노출시킬 수 있음을 함께 확인하자.

☑️ 상세설명

상단에서 입력한 상품명이 고객들에게 호객행위를 하는 영역이라면, 실제 구매자들에게 구매욕구를 불러일으키는 영역은 상품 상세설명이다. 판매자들은 상품 상세설명을 통해 섬네일에서 보여주지 못한 제품 관련 내용을 고객들에게 안내함으로써 구매전환이 일어나게 해야 한다.

상세설명은 직접 작성 또는 HTML 작성으로 만들 수 있다. 직접 작성은 스마트에디터원으로 작성하기 때문에 특별한 기술이나 언어습득이 필요 없다. 반면 HTML 작성은 기본적으로 HTML을 이해하고 학습해야 작성할 수 있다. HTML에 익숙하고 다른 오픈마켓을 운영한다면 HTML을 추

그림 스마트에디터원

천하지만, 그렇지 않다면 스마트스토어에서 제공하는 스마트에디터원으로 상세설명 페이지를 제작하도록 하자.

이전에 스마트에디터3.0으로 작성하던 스마트스토어에디터가 스마트에디터원으로 변경되면서 작성 버튼 클릭 시 다음과 같은 에디터가 나타난다. 이 에디터를 활용해 상품 상세페이지를 작성하면 된다.

네이버가 좋아하는 상품 페이지 구조: 상품 상세페이지는 사실 많은 판매자들이 작성하기 어려워한다. 대부분 처음 작성해보는 판매자가 많을뿐더러 어디에 어떤 걸 넣어야 할지 막막하기 때문이다. 그렇기 때문에 먼저 모든 고객들을 내 고객으로 만드는 완벽한 상세페이지를 만들려고 하기보다도 네이버가 좋아하는 상품 페이지의 구조를 알고, 그 구조에 맞

HTML을 사용한다면

스마트스토어뿐만 아니라 다른 오픈마켓을 별도로 운영하고 있다면 HTML 작성을 이용하는 편이 효율적이다. 아래 과정을 통해 빠르게 여러 개의 몰을 관리할 수 있다.

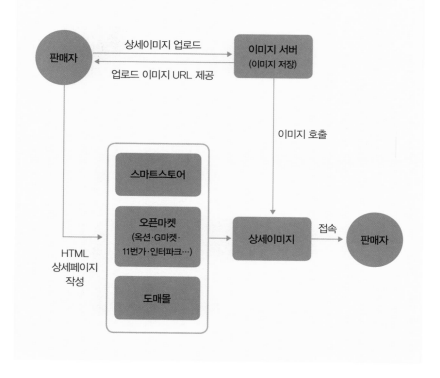

게 내 상품의 이야기를 녹여내는 것이 초기 상품 페이지에 대한 고민 시간을 줄여주는 방법이다. 그렇다면 네이버는 어떤 형태의 상품 페이지 구조를 좋아할까?

우측에 보이는 상세설명이 '이미지+텍스트' 조합의 상품 페이지다. 이런

제주 서귀포 한라봉

탐스럽고 예쁜 한라봉 3kg

제주도 서귀포시 성산읍 에서 생산한, 탐스럽고 예쁜 한라봉입니다. 적초제를 일체 사용하지 않고 2,000평 규모의 풀밭에서 저희남 상품으로 좋은 상품으로 수령 후 10일 이내 냉장 보관하주세요

그림 네이버가 좋아하는 상품 페이지 구조

구조를 네이버가 가장 좋아한다. 이런 구조로 작성했을 때의 장점은 고객에게 텍스트로 충분한 설명을 해줄 수 있다는 점과 SEO 측면에서 봤을 때 본문에 사용된 텍스트가 웹문서로 검색 노출될 수 있다는 점이다. 물론 포토샵 등으로 예쁘게 만드는 것도 중요하지만 텍스트를 통해 상품정보를 정확하게 전달하는 것도 중요하다는 점 잊지 말자.

스토리텔링: 상품의 상세페이지 작성할 때 실수하는 부분 중 하나가 이야기의 큰 흐름이 없이 이야기를 하다 만 느낌으로 뚝 끊어버리는 듯한 느낌을 주는 것이다. 사람끼리 이야기할 때도 이런 상황이라면 맥이 빠지는데, 상품 페이지의 경우라면 상품을 보러 들어온 사람이 구매전환까지 이루어지지 않고 오히려 이탈해버리는 상황이 발생한다. 그렇기 때문에 상품 페이지를 전체를 놓고 봤을 때 각 영역에서 내가 고객들에게 전달하고자 하는 이야기를 확실히 전하는 것이 좋다.

구매자의 입장을 생각하자: 판매자가 아닌 구매자 입장에서 상품 상세페이지를 보자. 내가 실제 이 상품을 구매한다고 봤을 때 궁금한 사항은 없는가? 실제로 제작한 상세페이지를 본 다음에도 궁금한 사항이 있다면 그런 내용은 대부분 문의사항으로 들어온다. 즉 내가 궁금한 사항이라면 다른 사람도 궁금해할 수 있다는 점을 명심하고 상세설명을 적자.

이벤트 혜택

- 현재 상품 페이지 또는 스마트스토어 내에서 시행하고 있는 이벤트에 대한 안내를 한다.

브랜드소개

- 브랜드의 강점, 특징, 추구하는 것 등 우리 브랜드의 신뢰도를 높이기 위해 고객들에게 줄 수 있는 정보를 주자.
- 30년 전통을 이어온, 3대째 전해져 내려오는, 우수아이디어 선정 업체 등의 문구를 활용하면 좋다.

상품소개

- 상품에 대한 이야기를 하는 영역이다. 어떻게 상품을 사용하는지, 어떤 이야기를 담고 있는가를 보여준다.
- 상품명과 함께 설정샷, 꾸며진 이미지들로 상품을 충분히 설명하자.

상품의 디테일

- 말 그대로 상품을 있는 그대로 소개하는 영역이다. 누끼컷의 이미로 상품을 세세하게 보여주고, 각각의 특징과 기능들을 설명하면 충분하다.

구매자 입장에서 체크해봐야 할 것은 배송기간, 교환·반품 및 클레임 처리에 대한 내용이다. 클레임이 발생한다는 것 자체는 이런 항목들이 상세 설명에서 정확히 명시되어 있지 않다거나, 또는 입력을 했더라도 구매자가 이해하기 어렵거나, 모호한 경우, 설명이 부족한 경우가 대부분이다. 그래서 이와 관련한 내부 규정을 만들고 정확히 고객에게 안내하도록 해야 한다.

확실한 혜택: 고객에게 혜택을 줄 예정이라면 어설픈 혜택보다는 실제 고객이 쓸 수 있는 혜택을 주는 것이 좋다. 그리고 이런 혜택이 있다면 반드시 고객이 관련 내용을 잘 볼 수 있도록 상세페이지 최상단에 노출해주자. 고객 입장에서도 같은 물건이라도 뭐 하나 더 주는 상품을 더 선호한다. 고객이 실제 받아갈 수 있는 혜택에 대해서는 다음처럼 정확하게 안내하도록 하자.

- 상품 구매 후 리뷰를 작성해주시면 네이버 포인트를 드립니다. (×)
- 상품 구매 후 리뷰 작성 100원 + 한달리뷰 작성 500원 총 600원의 포인트를 받아가세요. (○)

☑ 검색에 반영되는 상품 주요정보

모델명, 브랜드, 제조사 등 상품에 대한 정보들을 입력해 구매고객들에게 제공한다. 검색 키워드와의 매칭률을 높여 검색결과에서 좀 더 높은 순위로 노출될 수 있도록 하자.

모델명: 상품이 가지고 있는 고유 모델명을 입력하는 영역이다. 판매자가 나이키 운동화를 판매할 경우 '나이키'를 입력하면 해당 상품의 모델명을 등록할 수 있다. 모델명 찾기를 통해 모델명을 입력할 경우 카테고리, 브랜드, 제조사, 상품정보가 기존에 네이버 DB에 등록된 정보를 바탕으로 자동으로 입력된다. 등록된 모델명은 네이버 쇼핑에서 가격비교 상품을 묶을 때 정보로 활용된다.

모델명이 없다면 판매자가 직접 모델명을 만들어 입력하도록 하자. 직접 모델명을 입력한 경우는 추후 모델명 수정이 가능하지만, 앞서 설명했던 모델명 찾기를 통해 모델명을 입력한 경우에는 모델명 수정이 불가하다.

브랜드/제조사: 상품등록 시 브랜드/제조사명을 입력할 수 있는데, 이는 사용자들이 조금 더 상품을 쉽게 찾을 수 있도록 제공되는 정보다. 입력 시 시장에서 공식 사용되는 정확한 브랜드/제조사를 입력해 검색에 노출시켜보자. 네이버 지식쇼핑은 상품과 관련된 브랜드/제조사의 정보와 동의

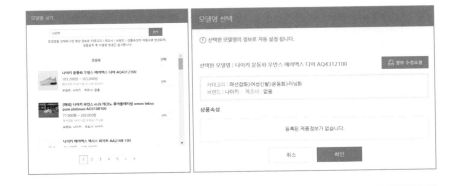

그림 상품 주요정보

그림 모델명 찾아 선택하기

어/유의어를 구축하고 있고, 브랜드/제조사로 별도로 제공해준 정보를 분석해 해당 브랜드/제조사로 판단될 경우에 상품에 코드를 부여한다. 코드가 부여된 상품은 브랜드 키워드 검색 시 다른 상품에 비해 관련성이 높은 것으로 분석되어 랭킹에 유리할 수 있다. 또한 필터링 기능을 사용할 때 검색되어 노출 기회가 많아진다. 정확한 코드 발급을 위한 공식 명칭을 사용하고 오타나 줄임말, 특수문자 사용은 자제하자.

- **공식명칭:** 내추럴발란스, 한샘, 에이스침대, 이케아
- **오타/줄임말:** 파로마 paroma(paroma), ace(에이스침대), daim(이케아)
- **어뷰징 금지:** 티셔츠, (st) , 이케아, 까사미사/일룸/에넥스
- **특수문자 사용 금지:** !바자르, ★동서가구★, 레인보우·하우스

실수로 관련 없는 브랜드/제조사를 입력하면 고의적인 어뷰징으로 판단해 검색 노출 시 불이익을 받을 수 있으며, 고의성이 인정되면 상품의 서비스가 중지될 수 있다.

브랜드 상품이 아니라면 해당 필드를 공란으로 두지 말고 내 상호명을 넣어보자. 스마트스토어에서 상호명은 곧 브랜드가 될 수 있기 때문에 이 방법을 추천한다.

브랜드 등록 시 하단에 자체제작 상품을 체크하면 상품 상세페이지 [상품정보 > 브랜드] 항목에 '(자체제작 상품)'이라고 표기된다. 업체에서 실제 자체제작 하는 상품이라면 이러한 부분도 놓치지 말고 체크하도록 하자.

그림 브랜드에 상호명 입력하기

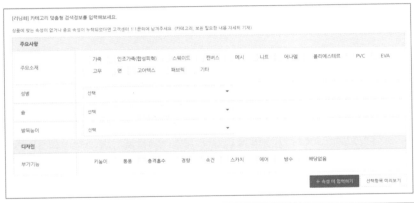

그림 상품속성(위)과 검색필터(아래)

상품속성: 현재 등록하려는 상품에 대한 속성을 입력해 상품이 가지고 있는 고유한 특성을 유형화한 값으로, 검색노출과 직결되는 부분이다. 속성 값을 등록함으로써 입력한 속성값과 상품에 대한 적합도가 높다고 판단되면, 상품명에 속성에 들어간 내용이 없더라도 해당 상품을 검색결과에에 노출시킬 수 있다. 상품속성은 등록한 상품의 카테고리에 따라 입력 내용이 달라진다. 입력한 속성값은 N쇼핑에서 검색필터 역할을 하기 때문에 구매고객에게 조금 더 맞춤형 상품을 노출시킨다. 그뿐만 아니라 입력한 정보가 풍부할수록 타겟팅된 검색노출 기회 또한 더 많아진다. 이런 속성 값은 상품 주요정보에 입력한 정보를 토대로 검색에 반영되기 때문에 입력을 요구하는 필드는 빠짐없이 값을 입력하도록 하자. 상품 속성값은 등록하고자 하는 카테고리에 따라 입력내용이 달라지기 때문에 정확한 카테고리 설정이 우선되어야 한다.

☑ 마지막으로 꼭 확인해야 하는 상품정보제공고시

'전자상거래 등에서의 소비자보호에 관한 법률' 제13조 제4항의 규정에 따라 상품에 관한 정보를 소비자에게 제공하게 되어 있다. 이에 따라 등록하는 상품군을 선택한 후 정확한 정보를 입력해야 한다. 입력 항목은 등록한 상품 카테고리에 따라 달라지므로, 정확한 카테고리를 선택한 후 내용을 입력하도록 하자. 입력한 정보는 상품 상세페이지 하단에 노출된다.

상품 상세페이지에 상품정보제공고시를 포함한 정확한 상품정보가 입력되어 있다면 '상품상세참조'를 선택한다. 만약 상품 상세페이지에 해당 내용이 없음에도 불구하고 이를 선택하면 분쟁의 소지가 생길 수 있다는 점을 주의하자.

☑️ 차별화된 배송 설정

배송여부: '배송'은 택배, 소포, 등기, 직접배송 등 실제 구매고객에게 상품이 배송되는 경우 선택하고, '배송없음'은 이쿠폰(e-coupon) 등 실제 배송될 상품이 없는 경우 선택한다.

배송속성: '일반배송'은 평일 기준 2~3일 이내에 배송되는 상품일 때 선택한다. 주문제작 상품일 경우 주문 확인 후 발송 예정일(2~14일)을 선택한다. '오늘출발'은 설정한 오늘출발 기준시간 전까지 들어온 주문건에 대해 당일 출고를 안내하는 설정이다. 출고 마감시간은 판매자가 설정하며, 출고 마감시간뿐만 아니라 휴무일 설정을 통해 고객에게 출고 날짜를 고지한다. 오늘출발 상품임에도 불구하고 당일 출고가 되지 않을 경우 발주확인 후에도 임의로 취소될 수 있으며, 배송지연 페널티도 받을 수 있다.

배송방법: 4가지 중 선택한다. 택배회사나 우체국을 통해 상품을 배송할 경우 '택배·소포·등기'를, 판매자가 직접 배송할 경우 '직접배송(화물배달)'을 선택한다. 이 외에 구매자가 판매자에게 방문해서 상품을 수령할 수 있으면 '방문수령'을, 퀵서비스로 배송이 가능하면 '퀵서비스'를 체크한다.

묶음배송: 다른 상품과 동시 구매할 경우 묶어서 배송비를 한 번만 부과한다면 '가능'을 선택한다. 묶음그룹 단위로 지역별 추가배송비도 설정할 수 있다. 상품별 배송비가 추가되어야 하면 '불가(개별계산)'를 선택한다.

상품별 배송비: 주문조건에 상관없이 무료로 배송된다면 '무료', 주문조건에 상관없이 고정적인 배송비가 부과된다면 '유료'를 선택한다. '조건부무료'는 상품가격(판매가+옵션가+추가상품가)이 일정금액 이상일 때 배송비

배송 ● ?	

배송여부 ● ①	배송	배송없음	배송비 템플릿	☐ 템플릿 추가

배송속성 ●
일반배송 　오늘출발
☐ 주문확인 후 제작

배송방법 ●
택배, 소포, 등기 　직접배송(화물배달)
☐ 방문수령
☐ 퀵서비스

묶음배송 ● ①
가능 　불가(개별계산) 　배송비 묶음 그룹 선택

기본 배송비 묶음그룹

계산방식 : 묶음 그룹에서 가장 큰 배송비로 부과
제주/도서산간 추가배송비 : 제주도 : 4,000원 추가 / 제주도 외 도서산간 : 5,000원 추가

배송비 묶음그룹의 관리는 배송비 관리 메뉴에서 할 수 있습니다. 배송비 묶음그룹 관리 ›

상품별 배송비 ● ①
조건부 무료 ▼

기본 배송비 ●
2,500 　원

배송비 조건 ●
상품 판매가 합계
50,000 　원 이상 무료

결제방식 ●
○ 착불 　○ 선결제 　● 착불 또는 선결제

제주/도서산간 추가배송비 ①
묶음배송 가능인 경우 배송비 묶음그룹 관리에서 설정하실 수 있습니다.

지역별 차등 배송비 ①
제주/도서산간 제외 입력

묶음배송 가능인 경우 배송비 묶음그룹에 입력한 제주/도서산간 추가배송비와 함께 노출됩니다.
제주/도서산간를 제외한 지역별 차등 배송비가 있는 경우에만 입력해주세요.

별도 설치비 ●
있음 　없음

출고지 ●
매장
▮▮▮▮▮▮ ▮▮▮▮▮▮▮▮ 　판매자 주소록

그림 **배송**

를 설정하는 경우다. 조건금액은 실결제 금액이 아닌 '판매가'가 기준이다. '수량별'을 선택해 상품 수량별 반복적으로 부과되도록 설정할 수도 있고, '구간별'을 선택해 상품 수량에 따라 구간을 정해 개별설정(2구간, 3구간 지정)할 수도 있다. 제주/도서산간 지역의 추가 배송비는 권역별로 설정 가능하지만, 도선료 등 별도로 추가되는 배송비는 설정할 수 없다. 안내된 배송비 외에 추가 배송비가 필요한 경우 구매자에게 별도로 안내 및 청구해야 한다. 지역별 차등 배송비가 필요하다면 '지역별 차등배송비'에 내용을 입력한다(예: 영종도의 경우 톨게이트 비용 1만 원이 추가됩니다).

별도 설치비: 가전이나 그 외에 설치가 필요한 제품에 대해서 별도 설치비를 요구할 수 있다.

출고지: 출고지는 판매자 주소록을 통해 설정할 수 있다. 해외출고지를 입력하는 경우 "이 상품은 해외에서 국내로 배송되는 상품이므로, 배송, 반품, 교환이 일반 상품과 다를 수 있습니다"라는 문구가 노출된다.

☑ 반품/교환

구매자의 단순 변심이나 제품에 하자가 있을 경우 구매자는 반품/교환을 요청하는데, 반품/교환과 관련해 고객에게 안내할 내용을 입력한다.

반품/교환 택배사: 반품/교환 접수된 상품을 수거하기 위한 택배사를 선택한다. 초기 판매자가 계약한 택배사가 없어도 스마트스토어에서 기본 반품 택배사로 우체국택배가 연계되어 있어 이용할 수 있다. 클레임 시 해당 택배사에 자동 수거요청 되며, 계약한 택배사가 있을 경우 계약관련 사항을 입력하면 계약택배사로 자동 수거요청이 된다.

반품배송비(편도): 구매자가 반품을 접수한 후 다시 상품을 받기 위해 구

그림 **반품/교환**

매자가 지불해야 하는 반품비용이다. 비용은 편도금액으로 설정한다. 만약 최초 배송비가 무료였던 경우에는 설정한 금액이 왕복배송비로 자동 청구된다. 예를 들어 반품배송비를 3천 원으로 설정하면, 최초 무료배송 시 6천 원이 구매자에게 자동 청구되며, 최초 유료배송 시 3천 원이 구매자에게 자동 청구된다.

교환배송비(왕복): 구매자가 교환을 접수한 비용은 후 다시 상품을 배송받기 위해 구매자가 지불해야 하는 교환비용이다. 왕복으로 배송비가 필요하기 때문에, 왕복금액으로 설정하면 된다. 예를 들어 교환배송비를 6천 원으로 설정했다면 최초배송비와 무관하게 교환을 위해 구매자에게 6천 원이 자동 청구된다.

☑ 같이 구매하면 좋을 추가상품 설정

현재 판매하려고 등록 중인 상품과 함께 관련 있는 상품을 추가상품으로 노출시켜 판매할 수 있는 기능이다. 구매 시 옵션처럼 필수로 선택해야 하는 사항이 아니기 때문에 구매자의 필요 여부에 따라서 선택 구매가 가능하다.

추가상품으로 등록된 상품의 경우 상품판매량의 지수에 영향을 주지는 않지만, 추가상품을 등록해놓음으로써 구매전환율을 높이는 데 도움을 줄 수 있다. 추가상품명은 최대 10개까지 설정할 수 있으며, 등록 가능한 개수는 5천 개다.

☑️ 구매전환율을 높이는 구매/혜택 조건

상품의 구매 혜택을 구매자에게 제공할 수 있는 기능이다.

최소구매수량/최대구매수량: 한 번에 구매할 수 있는 최소/최대 수량 구간을 설정한다. 최소구매수량은 입력하지 않으면 기본 1개로 설정되며, 최대구매수량은 횟수로 설정할 경우 한 번에 구매 가능한 최대수량, 1인으로 설정할 경우 한 아이디당 구매할 수 있는 최대수량을 설정할 수 있다.

복수구매할인: 주문금액 또는 주문수량 이상이면 판매가에서 정액, 정률로 추가 할인이 가능하다.

포인트: 상품구매 시 고객에게 추가 포인트로 혜택을 돌려줄 수 있는 기능이다. 포인트는 상품을 구매한 고객에게 일괄적으로 지급할 수도 있고, 상품 리뷰 작성 시 지급을 설정할 수도 있다. 리뷰수나 찜수는 검색 알고리즘의 인기도 항목으로 판매자가 점수를 받을 수 있는 영역이기 때문에 포인트 리워드를 통해 고객들에게 상품 리뷰 및 찜을 유도해보자. 단, 과도한 유도나 의도적으로 찜과 리뷰를 늘리기 위한 행위는 제재대상이 될 수 있음을 잊지 말자.

무이자할부: 판매자가 직접 무이자할부를 설정할 수 있으며, 설정 시 무

구매/혜택 조건 ⑦

| 최소구매수량 | [   ] 개 | 최소구매수량은 2개 부터만 입력해 주세요. 입력하지 않아도 기본 1개로 적용됩니다 |

최대구매수량
- ☐ 1회 구매시 최대
- ☐ 1인 구매시 최대

복수구매할인 [설정함] [설정안함]

포인트 ⑦
- ☐ 상품 구매 시 지급

- ☑ 상품리뷰 작성시 지급 ⑦

  텍스트 리뷰 작성
  [10] 원

  포토/동영상 리뷰 작성
  [10] 원

  한달사용 텍스트 리뷰 작성
  [10] 원

  한달사용 포토/동영상 리뷰 작성
  [10] 원

  톡톡친구/스토어찜 고객리뷰 작성 ⑦
  [10] 원 추가

  ☐ 특정 기간만 지급

무이자할부 [설정함] [설정안함]

사은품 [   ]

이벤트 [5만원 이상 구매시 무료배송~]
  ☐ 템플릿 추가

그림 **구매/혜택 조건**

이자할부 수수료는 판매자가 부담해야 한다. 판매금액 정산 시 자동으로 할부이자가 차감된다.

사은품: 상품구매 시 고객에게 함께 제공될 수 있는 사은품을 입력한다. 사은품은 판매자가 고객에게 주는 혜택으로 고객의 구매전환율을 높일 수 있는 수단이기도 하다.

이벤트: 상품명과 상세정보에는 상품과 관련된 이벤트, 판매조건, 할인가격, 쿠폰적립 등 판매정보가 포함되어서는 안 된다. 판매정보는 이벤트 필드에 입력한다. 입력된 이벤트 내용은 검색에 반영되지는 않으나 서비스에는 노출되어 구매고객이 이벤트 내용을 확인할 수 있다. 150자의 글자 수 제한이 있으므로, 상품구매 시 고객에게 도움이 되는 내용만 작성하도록 하자.

☑ 상품 노출을 위한 검색설정

검색사용자에게 매칭률이 높은 상품을 제공하기 위해 판매자가 상품과 관련 있는 태그를 입력하는 영역이다. 기본적으로 쇼핑 데이터와 검색사전의 데이터를 통해 요즘 뜨는 HOT태그, 감성태그, 이벤트형태그, 타겟형태그들이 제공된다. 이 외에 판매자가 직접 태그를 입력할 수도 있다.

이 영역의 취지는 사실 제목에 넣지 못하는 키워드를 해시태그 영역에 넣을 수 있도록 하는 것이나, 실제로 해시태그에 입력한 감성키워드로의 검색이나 구매전환은 미비한 편이다. 따라서 해당 영역에 키워드를 넣을 때는 앞에서 제목을 작성하기 전 검색도구를 통해 분석했던, 그렇지만 제목에 넣지 못했던 태그 중심을 넣는 것이 검색에 더욱 도움이 된다.

등록이 완료되었다면 [검색에 적용되는 태그 확인] 버튼을 통해 입력한

그림 **검색설정 및 검색 적용 태그 확인**

10개의 태그가 태그사전에 등록되어 있는지의 여부, 태그사전에 없는 경우 등록에 적합한지의 여부를 판단해주기도 한다. 태그사전에 등록되어 있지 않거나 태그 등록 시 적합한 태그가 아니면 상품이 노출되지 않을 수 있으므로, 작성 후 이 기능을 통해 다시 한번 태그들을 검토해보자.

Page title/Meta description: 상품 적합도를 판단해 검색엔진 검색결과에 노출시키는 데 도움을 주는 항목이다. Page title은 SNS 등에 상품정보 공유 시 노출되는 타이틀이며, Meta description은 SNS 등에 상품정보 공유 시 타이틀 아래 노출되는 설명글이다.

미입력 시 다음과 같은 내용이 기본적으로 적용된다.

> Page title: 상품명
>
> Meta description: [스토어명] 스토어 소개글

기본값이 적용되어도 무방하지만 상품별로 다른 값을 입력하면 검색엔
진이 상품을 판단하기에 더 용이할 수 있다. 해당 내용이 제대로 입력되었
는지 확인할 수 있는 방법은 다음과 같다.

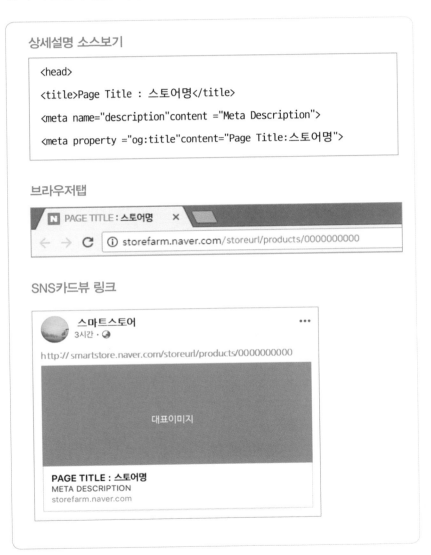

☑️ 상품 검색을 위한 노출채널

스마트스토어와 쇼핑윈도 서비스를 함께 운영하고 있다면 기본 상품정보를 모두 입력한 후 '노출채널' 항목에서 노출을 원하는 채널을 선택할 수 있다. 쇼핑윈도는 담당자의 검수 이후 노출되며, 스마트스토어는 검수 없이 바로 노출된다.

상품명: '스마트스토어전용 상품명 사용'에 체크해 전용상품명을 추가하는 경우 노출채널(스마트스토어·쇼핑윈도)과 네이버 쇼핑에도 전용 상품명으로 우선 노출된다. 전용 상품명을 사용하는 경우 상품명을 변경해도 함께 변경되지 않으며, 개별로 변경해야 한다.

가격비교 사이트 등록: 가격비교 사이트 등록을 체크하면 해당 상품은 네이버 쇼핑 또는 가격비교에 노출된다. 이때 스토어 자체가 [노출채널관리

그림 **노출채널**

> 비지니스 서비스 설정 > 네이버 쇼핑] 또는 [노출채널관리 > 가격비교 설정] 'ON'으로 설정되어 있어야 등록 가능하다. 쇼핑윈도는 에누리, 다나와에 연동할 수 없으며, 네이버 쇼핑이나 가격비교 사이트를 통해 결제가 이루어진 경우 별도의 수수료가 발생한다.

전시상태: 현재 등록한 상품에 대한 전시상태를 설정한다. '전시중'일 경우 스토어에 상품이 노출되지만, '전시중지'일 경우 해당 상품은 스마트스토어센터의 상품관리 메뉴에서만 확인이 가능하다.

스토어찜 회원 전용상품: 등록한 상품은 스토어찜 고객만 구매할 수 있기 때문에 가성비 좋은 상품이나 초기 스토어찜 회원을 모을 때 사용하면 좋다. 스토어찜 회원 전용상품은 네이버 쇼핑에 등록되지 않는다.

공지사항: 판매자가 상품과 관련된 안내사항을 고객에게 고지하는 공간이다. 등록된 공지사항은 상품 상세페이지 맨 상단에 노출되므로 공지사항이 없더라도 다양한 혜택정보를 등록해 고객에게 알림으로써 구매를 유도해보자.

☑ 상품등록 전 상품정보 검색품질 체크

최근에 업데이트된 기능 중 하나가 '상품정보 검색품질 체크'다. 상품등록을 위해 필요한 항목들을 다 입력한 후 최종적으로 항목별 입력이 잘되었는가를 미리 체크해보는 '상품정보 검색품질 체크' 기능을 이용해보자. 최종 점검 시 점검이 필요한 부분이 있다면 검색노출에 영향을 줄 수 있으므로 최대한 수정할 수 있는 부분에 대해서는 수정하도록 하자. 그리고 다시 한번 체크해봤을 때 이상이 없다면 상품등록을 최종적으로 완료해도 좋다.

10:30 AM   📶 85% 🔋

이 책으로 쉽게 스마트스토어
를 시작할 수 있었어요!

asdf*** · 2019.05.15.

컨텐츠컨텐츠 바이럴 마케팅

SMARTSTORE

⊕ 스토어찜 5,485 ☐ 톡톡

S M A R T S T O R E

Continue

Part 5

매출을 높이는
스마트스토어 핵심 포인트

효율적으로 상품을 노출시켜라

지금까지 이 책과 함께했다면 적어도 상품등록 과정은 무사히 진행했을 것이다. 등록된 상품이 노출되는 것을 확인했다면 구매전환 전까지의 작업은 완료한 것이다. 그러나 등록한 상품이 모두 구매전환으로 이어지지는 않는다. 상품을 성공적으로 등록했다면 이제는 단순한 등록, 노출이 아닌 내가 등록한 상품이 더 잘 팔리기 위해 상위노출시키는 전략이 필요하다.

내 상품이 어디에 노출되는지 살펴보자

스마트스토어에서 상품을 등록했음에도 불구하고 상품이 거의 판매되지 않거나 스토어에 방문하는 사람이 없다면, 가장 먼저 스토어와 등록된 상

표 **노출 확인을 위한 키워드**

품을 점검해볼 필요가 있다.

   판매자들이 가장 많이 하는 실수 중 하나가 스마트스토어에 상품을 등록하고, 바로 N쇼핑 검색창에 상품 키워드를 검색한다는 것이다. 거의 대부분의 경우 등록한 상품은 검색결과로 노출되지 않는다. 스마트스토어에 등록한 상품이 N쇼핑에 검색결과로 반영되기까지 최대 8시간까지 소요되기 때문이다. 즉 오전 중에 상품을 등록했다면 시간에 따라 조금씩 다르겠지만 오후가 되어야 내 상품을 검색결과로 확인할 수 있다

   그러나 등록 후에도 상품이 노출되지 않는다면 검색 키워드를 조금 디테일하게 설정해 확인해보자. 등록한 상품의 키워드가 '무스링'이라고 가정했을 때 검색창에 '무스링'만 덩그러니 입력한다면 정확한 노출 여부를 확인하기 어렵다. '스토어명+상품명', '스토어명+키워드'의 형태로 검색을 세분화한다면 적어도 내 상품이 검색결과로 노출되는지 여부는 확인할수 있을 것이다.

   그럼에도 불구하고 상품이 검색결과로 노출되는지 확인이 안 된다면, 상품등록 시 '가격비교 사이트 등록' 항목에 체크되어 있는지를 확인하자. 만약 체크되어 있지 않다면 해당 상품은 검색결과로 확인하기 어렵다. 노

출이 확인된다면 이후부터는 내가 노출시키고자 하는 키워드 검색을 통해 상품이 키워드에 따른 노출 순위를 체크하는 것이 좋다.

다양한 상품을 상위에 노출시켜보자

등록한 상품의 키워드를 검색해보면 최적화된 경우 상위노출되는 상품의 수는 최대 3개다. 즉 내가 '무스링'이라는 키워드를 가진 상품을 100개를 등록했음에도 불구하고 실제 1페이지 상단에는 100개 다 노출되지 않는 다는 것이다. 그렇기 때문에 상위노출된 상품을 통해 다른 상품을 추가로 노출시킬 수 있는 전략으로 판매자는 고민할 필요가 있다.

☑ 상세페이지를 통한 상품 노출

앞에서 우리는 에디터를 활용해 상품을 등록하는 방법에 대해 알아보았 다. 스토리텔링을 통해 상세페이지 내 입력되는 내용으로 고객들에게 최 대한 많은 상품의 정보를 전달하는 게 이야기의 핵심이었다.

그런데 상세페이지를 방문한 고객이 보던 상품이 마음에 들지 않아 그 대로 페이지를 벗어나버리면 어떻게 해야 할까? 상세페이지 내에 아무런 장치가 없다면 이런 고객은 놓치기 쉬운, 놓칠 수밖에 없는 고객으로 분류 된다. 우리는 이런 고객들까지 구매전환고객으로 만들 수 있도록 상세페 이지 내에 트랩을 설치해야 한다.

스마트에디터원을 다시 한번 살펴보면 우측 상단에 '글감'이라는 컴포 넌트가 있다. 글감을 선택하면 키워드 검색을 통해 사진, 책, TV, 음악, 쇼

그림 글감 내 쇼핑 콘텐츠 활용하기

핑, 뉴스 콘텐츠를 검색해서 볼 수 있다. 여기서 우리가 활용할 정보는 쇼핑 콘텐츠다.

여기에 노출되는 쇼핑 콘텐츠를 활용해 상세페이지 내 'MD추천상품', '베스트상품' 등을 넣어보자. 본 상품이 아니더라도 다른 상품을 클릭하고 구경할 수 있도록 만들어주는 항목이다. 실제 이런 트랩을 설치했을 때, 한 가지 상품을 구매하려던 구매자에게 추가 구매를 유도할 수 있으며, 상품이 마음에 들지 않는 방문자라도 다른 상품을 추가로 둘러본 뒤 실제 구매자가 될 수 있다. 그렇다고 해서 한 페이지 안에 10개, 20개 이상의 상품을 보여주는 것은 방문자에게 피로감을 주어 오히려 반감을 살 수 있으니 유의하도록 하자.

☑ 연관상품을 통한 상품 노출

연관상품은 말 그대로 현재 등록된 상품들 중 연관된 상품끼리 묶어서 등록/노출을 설정할 수 있는 메뉴다. 크게 '코디상품', '함께 사면 좋을 상품', '유사상품' 3가지 방식으로 등록할 수 있다. 의류나 패션소품의 경우는 코디상품으로, 그 외의 카테고리 상품의 경우는 함께 사면 좋을 상품으로 등록함으로써 추가 구매가 발생하도록 설정할 수 있다.

연관상품 등록 ⑦   • 필수항목
연관상품 유형 •   ∧
타입 선택 •   ● 코디 상품   함께 사면 좋은 상품   유사한 상품
코디 컨신이미지 내 모델의 착동 상품을 조합하여 등록해주세요.
노출 예시보기

그림 **연관상품 등록 설정**

코디상품: 코디상품은 모델의 착장 상품을 조합해 하나의 세트 상품으로 구성하는 기능이다. '패션의류/패션잡화/출산육아 > 유아의류', '유아잡화/스포츠 > 레저 > 수영' 카테고리에만 등록 가능하다.

코디상품을 한 번 등록하면 스마트스토어, 쇼핑윈도에 모두 노출되며, 상품 상세 하단에 나와 고객들이 본 상품 외에 다양한 상품을 함께 확인할 수 있다. 코디상품은 1개의 상품을 총 3회까지 대표로 지정 가능하며, 1개의 상품당 총 100개 그룹코디에 포함할 수 있다.

코디상품은 구성된 모든 상품의 상세페이지 하단에 대표 여부와 관계없이 노출된다. 또한 노출 가능 상품 수가 최소 2개 이상이어야만 노출되며, 1개의 상품 상세에서는 최대 3개의 코디상품이 노출될 수 있다. 노출우선

그림 코디상품 등록과 노출

순위는 대표상품으로 지정된 상품이며, 그 이후에는 등록된 순서대로 상품이 노출된다.

함께 사면 좋은 상품: 함께 사면 좋은 상품은 등록한 상품과 함께 구매하면 좋을 상품을 묶어서 추천할 수 있는 기능이다. 예를 들어 은반지를 판매할 경우 은세척제, 보관 케이스 등을 함께 추천해주는 형태다. 한 번 등록하면 스마트스토어뿐만 아니라 쇼핑윈도에도 노출되며, 대표상품의 상세 페이지에 해당 영역이 노출된다.

함께 사면 좋은 상품은 등록 시 연관상품으로 등록되며, 다음의 등록 불가 카테고리를 제외하고는 모든 카테고리에서 등록이 가능하다.

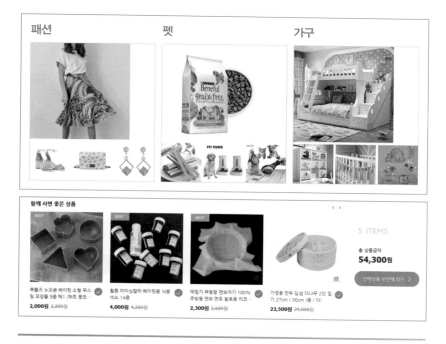

그림 함께 사면 좋은 상품

1개의 등록상품을 총 1회까지 대표로 지정 가능하며, 1개의 상품당 총 100개 그룹의 함께 사면 좋은 상품에 포함될 수 있다. 함께 사면 좋은 상품은 대표상품의 상세페이지에 노출되며, 그 외에는 노출되지 않는다.

유사한 상품: 유사한 상품은 내가 등록한 상품 중 동일한 카테고리의 상품을 묶어서 상품을 추천할 수 있는 기능이다. 등록 시 노출 영역은 상세페이지 상단 또는 하단 중 선택해서 원하는 위치에 상품 영역을 노출시킬 수 있다. 목록 우측 하단에 노출되어 있는 장바구니 버튼을 클릭하면 해당 상품으로 페이지 이동 없이 바로 장바구니에 담을 수 있다는 장점이 있다.

그림 유사한 상품 노출

☑ 블로그 부럽지 않은 쇼핑스토리

블로그는 많은 판매자들이 상품을 홍보하고 판매하기 위한 수단으로 사용하고 있다. 즉 블로그를 통해 상품을 소개하고, 상품의 장단점, 착용 방법이나 코디 방법을 설명하면서 직간접적인 노출을 통해 마케팅 활동이 이루어지는데, 이를 그대로 스마트스토어에 적용한 것이 쇼핑스토리다.

그림 **쇼핑스토리**

쇼핑스토리는 말 그대로 상품의 홍보를 스토어에서 직접 할 수 있도록 도와준다. 블로그는 콘텐츠를 포스팅하는 기능만 있었다면 쇼핑스토리는 콘텐츠를 포스팅하는 기능뿐 아니라 포스팅된 상품 또는 관련 상품까지 노출시킨다. 잠재고객이 직접 콘텐츠를 소비하면서 포스팅된 관련 상품을 확인하고, 상품에 대한 구매까지 이루어지도록 하는 것이다.

실제로 쇼핑스토리에 콘텐츠를 등록할 때 본문 중간중간에 내 상품의 직접 경로를 삽입해도 아무런 제재를 받지 않으며, 쇼핑스토리 하단에 관련 상품 목록으로 포스팅에 사용된 상품을 바로 노출해준다. 그렇기 때문에 콘텐츠와 함께 상품을 어필하기 위해서 스토리를 활용해보자.

플랫폼과 프로모션을 이용한 매출 높이기

스마트스토어의 매출을 높이는 방법은 결국 내 상품의 판매량을 높이는 방법이고, 상품의 판매량을 높이기 위해서는 상품력 있는 상품을 갖춰야 한다. 그런 다음 스토어에 좋은 상품을 가지고 있다는 점을 꾸준히 고객들에게 노출함으로써 스토어 상품 페이지로 유입시켜 구매전환까지 이루어질 수 있도록 연결하는 것이다.

스마트스토어에 등록된 상품은 기본적으로 검색 키워드를 통해 N쇼핑에 노출되기도 하지만, N쇼핑 검색결과뿐 아니라 스토어에서 제공하는 다양한 플랫폼을 활용해 여러 영역에서 등록한 상품을 노출할 수 있다. 고객의 유입을 늘리고 매출을 높이는 기회를 놓치지 말고 다양한 프로모션을 통해 내 상품과 스토어를 적극적으로 홍보해보자.

특별한 상품을 특별하게 판매하고 싶다면 예약구매

예약구매는 일정기간 동안 주문을 사전모집해 주문기간 종료 후 특정일에 발송하는 형태의 주문이다. 즉 많은 판매자들이 다양한 SNS를 통해 특정 제품을 공동구매하는 방식과 동일하다고 볼 수 있다. 미출시된 상품을 선주문 받거나 제품 발송 전 사전 주문량 확보가 필요한 경우에 사용할 수 있다. 또한 프로모션성 특가 이벤트를 진행할 때도 예약구매 방식을 활용하면 한번에 많은 제품을 판매하기에 좋다.

예약구매 등록은 상품등록 시 또는 등록한 상품을 수정해 진행할 수 있다.

그림 **예약구매 설정**

위의 영역에서 주문 기간 및 발송완료일 등의 내용을 정확하게 입력해야 예약구매로 판매가 진행되며, 설정해놓은 발송완료일까지 주문건에 대해 출고가 이루어지지 않으면 바로 페널티로 이어진다.

발송예정일 ? 6/8(월) ~ 6/15(월) 에 발송되는 예약구매 상품입니다.

📅 예약구매 상품

예약구매 종료 1일 남음

2020년 5월 31일 밤 12시 종료됩니다.

현재 **450개 주문중 입니다**

발송할 수 있는 최소 주문수량 **10**   703

그림 예약구매 진행 노출

예약구매 진행 시 상세페이지 하단에는 위의 이미지와 같이 예약구매 상품임을 노출해준다. 다만 SNS에서 진행하는 공구의 경우 판매수량이 정확히 몇 개인지 알 수 없으나, 예약구매로 판매되는 상품은 상세페이지에서 판매수량이 확인된다는 단점이 있다. 따라서 잘 팔리는 상품이나 판매가가 낮은 미끼상품 등을 예약구매로 판매해보는 것도 좋다.

고객에게 특가를 제공하는 럭키투데이

럭키투데이는 간단히 말하자면 판매자가 고객에게 상품을 특가로 제공하는 서비스다. 상품 선정부터 등록까지 판매자가 직접 판매활동 전반에 참여할 수 있는 오픈 플랫폼이다. 스마트스토어에 입점한 상품만 럭키투데이를 진행할 수 있으며, 진행되는 럭키투데이 상품은 N쇼핑의 럭키투데이 탭을 통해 확인할 수 있다.

럭키투데이로 판매되는 상품은 PC 상품 상세페이지 상단에 럭키투데이 상품임을 명시한다. 하지만 모바일에서는 럭키투데이 진행 중임을 상품의 상세페이지에서 직접적으로 확인하기는 어렵다.

N쇼핑에서 사용자가 검색어를 입력했을 때 상품 매칭률이 높아야 검색결과로 내 스토어의 상품이 노출된다는 것은 이미 판매자들은 알고 있는 사실이다. 이때 검색결과로 노출된 상품이 럭키투데이를 진행하고 있는 상태라면, 검색결과로 상품이 스토어명으로 노출됨과 동시에 럭키투데이라는 상호명으로도 노출되며, 클릭 시 스토어로 바로 연결된다. 즉 하나의 검색결과 페이지에서 같은 상품이 2번 노출됨으로써 방문자를 더 유입시킬 수 있다.

　럭키투데이 진행은 기본적으로 네이버 쇼핑 MD가 스마트스토어에 등록된 특정 상품을 선정해 진행하는 방식이 아니라, 판매자가 직접 럭키투데이를 진행하고자 하는 상품을 선택해 스마트스토어센터에서 직접 럭키

그림 N쇼핑 럭키투데이

투데이 제안을 등록해야 한다. 진행 시 최저가로 제안을 넣는 것이 노출에 유리하다. 동일 기간 내 최대 1가지 상품만을 진행할 수 있으며, 최소 72시간 동안 진행해야 한다. 단, 타임특가 또는 럭키투데이 시즌 프로모션에 참여한 판매자는 한시적으로 진행 개수가 늘어날 수 있다.

럭키투데이 제안 시 모바일 상세페이지 TIP

❶ 스마트스토어센터 내 럭키투데이 제안등록/수정 메뉴에서 노출 영역을 '모두'로 설정한다.

❷ 무료 호스팅을 통한 통이미지 사용을 하지 않는다.

❸ '이미지＋텍스트'의 구조로 스마트에디터원의 컴포넌트를 활용해 직접 등록한다.

❹ 상세페이지 내 아이프레임(iframe) 소스 및 불필요한 소스들을 최대한 제거한다.

타임특가 및 럭키위크 진행법

PC와 모바일에서 럭키투데이 메뉴를 선택하면 '타임특가'와 '럭키위크'를 볼 수 있다. 타임특가와 럭키위크는 럭키투데이 진행방식 중 하나로, 일반 럭키투데이 제안방식과는 조금 차이가 있다. 스마트스토어센터가 아닌 네이버 쇼핑 파트너 공식 블로그(blog.naver.com/naver_seller)를 통해 이루어지기 때문이다. 진행 일정과 주제를 네이버에서 공지하면 해당 주제에 어울리는 상품을 판매자가 제안하는 방식이다.

그뿐만 아니라 특가 제안에 선정된 경우 모바일 쇼핑판 영역에 노출될 수 있다. 주기적으로 타임특가, 럭키위크 및 다양한 기획전 진행상황을 확인하고 적극적으로 참여해보자.

다양한 형태로 운영되는 기획전

기획전은 스토어에서 판매되고 있는 상품을 판매자가 기획하는 프로모션 형태에 따라 다양한 방식으로 홍보, 판매할 수 있는 서비스다. 럭키투데이처럼 하나의 상품을 선택해 집중하는 것이 아니라 스토어 내의 여러 상품을 가지고 판매자가 기획하는 프로모션으로 홍보가 되는 형태이기 때문에, 행사 콘셉트에 따라 다양한 형태로 운영할 수 있다. 럭키투데이처럼 기획전 역시 별도의 광고비 없이 무료로 진행하며, PC와 모바일에서 '기획전' 메뉴로도 노출된다.

시즌별로 그에 맞는 아이템들을 기획하거나, 매월 진행될 수 있는 프로모션을 기획해 운영한다면 지속적으로 상품을 노출할 수 있을 뿐만 아니라 스토어에 방문자 유입을 늘릴 수 있다. 기획전을 진행하는 동안은 1개의 기획전만 운영할 수 있다. 동시다발적으로 여러 기획전을 한꺼번에 운

그림 N쇼핑 기획전

영할 수 없으므로 진행 전에 이슈 키워드 및 시즌 키워드를 잘 분석해 등록해야 한다.

1개의 기획전에는 최소 50개 이상 최대 500개 미만의 상품을 등록할 수 있으며, 섹션당 11개 이상 100개 이하의 상품을 등록해야 한다. 판매할 상품의 종류가 적다면 기획전 진행이 어렵다. 기획전 탭을 통해서 기획전 노출을 확인할 수 있으며, 모바일 쇼핑 메인과 기획전 탭 외의 다양한 영역에서도 노출된다.

기획전은 스마트스토센터의 [노출관리 > 기획전 관리]에서 등록한다.

새로 등록한 기획전은 심사완료 상태가 되어야 노출할 수 있다. 기획전 등록완료 후 저장한다고 해서 기획전 심사가 진행되지는 않는다. 여기서 말하는 '저장하기'는 단순히 지금까지 작성된 데이터에 대한 저장을 의미하며, 실제로 심사가 진행되기 위해서는 '기획전 노출심사 요청'을 클릭해야 관리자의 심사가 진행된다.

심사완료 후 기획전이 진행되면 기획전의 내용 및 기획전 타입 변경 등은 수정할 수 없다. 만약 꼭 수정해야 한다면 기획전 자체의 노출을 멈추고 신규기획전 등록제안을 다시 진행해야 한다.

기획전 제안 시 집중해야 할 포인트는 '키워드'다. 기획전은 진행하는 주제에 맞는 태그를 입력해야 한다. 입력한 태그는 기획전 하단에 노출되며, 인기태그는 별도로 노출된다. 이때 상품이 해시태그로 필터링되어 추가로 노출될 수 있도록 인기키워드를 선별해 작성한다.

기획전을 진행하면 많은 상품을 다양한 영역을 통해 고객에게 노출시킬 수 있다. 시즌별, 월별 진행 가능한 프로모션을 미리 확인하고 관련 키워드 분석과 상품구성을 미리 준비해 지속적으로 기획전을 진행해보자. 상

품을 고객들에게 지속적으로 노출시켜 방문자 유입뿐만 아니라 매출 상
승에도 도움이 된다.

기획전도 럭키투데이와 마찬가지로 네이버 쇼핑 파트너 공식 블로그
를 통해 매달 네이버가 제안하고 있으므로, 판매자가 적극적으로 이용하
도록 하자.

강력한 광고 효과를 발휘하는 윈도

네이버는 2014년 12월 중소상공인들을 위한 쇼핑플랫폼으로 윈도 시리
즈를 오픈했다. 윈도 시리즈는 O2O(Online to Offline) 쇼핑플랫폼으로 전
국 곳곳에 숨어서 발품을 팔아 오프라인 매장에서 직접 구매해야 했던 상
품들, 즉 온라인에서 접하기 힘들었던 다양한 상품을 사용자들에게 소개
하기 위한 온라인시장이다. 오프라인 매장 상품들을 온라인에 올리면서
다양한 상품군을 소개한다. 지역적 한계로 판로를 넓히기 어려웠던 중소
상공인들에게 오프라인뿐만 아니라 온라인 매출까지 올릴 수 있는 계기가
된 것이다. 이 윈도 시리즈는 네이버 대표 O2O 쇼핑플랫폼으로 성장하면
서 지금까지 10개의 시리즈까지 확대되었다. 윈도 상품은 N쇼핑 상단 탭
메뉴를 통해 확인할 수 있다.

그림 N쇼핑 윈도 탭

노출 관리를 통한 비즈니스 서비스

스마트스토어는 단순히 상품을 등록하고 판매하는 데 그치지 않고, 다양한 서비스를 연결해 판매를 증진시킬 수 있다. 그뿐만 아니라 네이버에서 제공하는 다양한 채널을 연결함으로써 마케팅 도구로 사용할 수 있도록 설정할 수 있다. 상품이 다양한 곳에 노출되도록 설정할 수 있으며, 직접적인 SNS 연결도 가능하다. 등록한 상품을 적극적으로 홍보해보자.

[노출관리 > 노출 서비스 관리] 메뉴를 통해 설정할 수 있다. 기능에 따라 설정에 제약이 있거나 추가 연동이 필요할 수 있으므로, 항목별로 판매자가 연동 가능 여부 또는 추가 입점 필요 여부 등을 확인해야 한다.

노출 서비스 관리는 세 영역으로 분류해 설정할 수 있다. '스마트스토어/쇼핑윈도 판매 및 운영에 도움이 되는 서비스'와 '온, 오프라인 채널의 연결', '네이버 서비스에 상품을 홍보할 수 있는 영역'이다.

내 상품에 대한 노출 설정 여부 및 원활한 판매, CS 대응을 위한 판매자와의 연결 채널을 설정한다.

그림 **스마트스토어/쇼핑윈도 판매 및 운영에 도움이 되는 서비스**

☑ 네이버 쇼핑

등록한 상품이 N쇼핑 검색결과로 노출될 수 있도록 설정한다. 구매자가 상품키워드를 검색창에 입력했을 때 해당 키워드의 상품을 판매자가 판매하고 있다면, 그 상품을 실제 검색결과로 노출할 것인가의 여부를 설정할 수 있다. 이때 검색결과로 노출된 상품이 판매까지 이어진다면 검색연동 수수료 2%가 부과된다.

만약 연동을 설정하지 않는다면 등록한 상품이 검색결과로 노출되지 않으므로 상품의 홍보와 판매로 연결되기 어려울 수 있다. 판매 시 이 부분을 꼭 설정해서 상품을 노출해보자.

☑ 네이버 톡톡

빠른 CS 및 고객문의에 대한 응대를 빠르게 진행할 수 있도록 제공되는 메신저 서비스다. 네이버 톡톡도 판매자의 필요 여부에 따라 설정할 수 있다. 스마트스토어를 연 지 얼마 되지 않아 아직 연동하지 않은 판매자라면, '사용안함' 버튼을 활성화함으로써 연결 설정을 할 수 있다. 연결 설정 시 기본적으로 네이버 아이디 인증이 필요하다. 간단한 인증으로 쉽고 빠르게 연결할 수 있는 것이 장점이다.

판매자는 스마트스토어에 네이버 톡톡 연결 설정을 필요 여부에 따라 해제할 수 있지만, 그만큼 고객들의 문의에 빠르게 응대하기 어려울 수 있다는 점을 잊지 말자.

☑ 웹사이트 검색설정

스마트스토어 이름을 네이버 검색창에 입력했을 때 내 스토어가 웹사이트 검색결과로 노출되도록 설정할지를 묻는 항목이다. 내가 판매하고 있는 상품이 1개 이상이라면 설정 시 내 스토어가 웹사이트 검색결과로 노출된다. 웹사이트에 내 스토어가 노출되었다 하더라도 판매하는 상품이 없다면 검색결과에 노출되지 않는다. 또한 설정 시 기본 스마트스토어에서 제공하는 기본 URL을 사용하고 있다면 해당 스마트스토어 URL로 노출되지만, 개인 도메인으로 변경했을 경우 개인 도메인이 상호명 하단에 노출된다.

그 외에 함께 스토어 소개가 검색결과로 노출되기 때문에 스토어의 주력 상품이나 스토어의 명확한 콘셉트 등을 소개글로 넣자.

그림 **웹사이트 검색결과 노출**

온·오프라인의 채널을 연결하는 스마트플레이스

스마트스토어는 오프라인 매장을 운영하는 사업자를 위해 스마트플레이스 기능을 제공한다. 스마트플레이스는 오프라인 매장등록 후 설정하면 내 스마트스토어에 등록된 상품이 플레이스 매장정보로 노출될 수 있도록 연동시키는 서비스다. 연동하려면 기본적으로 오프라인 매장정보를 입력해야 하므로, 온라인 상품판매만 진행하는 판매자라면 연동이 어렵다.

오프라인 매장이 있는 판매자라면 스마트스토어에서 오프라인 매장정보 등록 후 쇼핑윈도 활성화를 함께 진행한다. 쇼핑윈도 설정을 완료했다면 스마트플레이스 연동 설정이 가능하다.

온,오프라인의 채널들을 연결할 수 있습니다.

그림 **온, 오프라인 채널 연결**

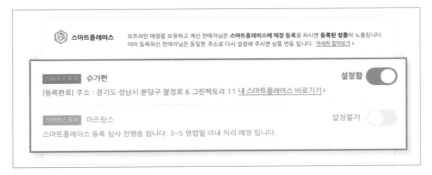

그림 **스마트플레이스 설정**

스마트플레이스 등록은 약 3~5일 정도 소요된다. 스마트플레이스 등록 후 설정을 해제할 경우 상품연동만 해제되며, 스마트플레이스를 삭제하고 싶다면 스마트플레이스 파트너센터에서 가능하다.

스마트플레이스 연동을 완료했다면 스마트플레이스에 내 스토어 상품 이 노출되며, 쉽고 빠르게 온·오프라인 연동이 가능하다. 그 외에 추가적 인 관리나 설정은 스마트플레이스 파트너센터를 이용하도록 하자.

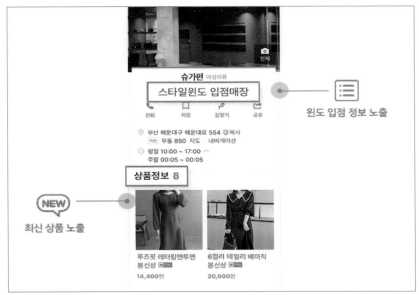

윈도 입점 정보 노출

슈가편 여성의류

스타일윈도 입점매장

전화　저장　길찾기　공유

◎ 부산 해운대구 해운대로 554 📋복사
　　지번 우동 850 지도 · 내비게이션
⏰ 평일 10:00 ~ 17:00 ∧
　　주말 00:05 ~ 00:05

상품정보 8

NEW
최신 상품 노출

루즈핏 레터링맨투맨
봄신상
14,400원

6컬러 데일리 베이직
봄신상
20,000원

자료: 네이버 스마트플레이스

그림 **스마트플레이스 노출**

네이버 서비스를 통한 상품 홍보

그 외에도 'Modoo!(모두)', '그라폴리오'라는 네이버 서비스에 스마트스토어 상품을 홍보할 수 있다. 내 스토어와 판매되는 상품을 분석할 수 있는 애널리틱스 연동을 설정할 수도 있다.

☑ Modoo!(모두)

네이버에서 쉽고 빠르게 사이트를 제작할 수 있도록 제공되는 서비스다. 모두로 제작된 홈페이지에서 스토어를 연결해 스토어 상품을 모두 페

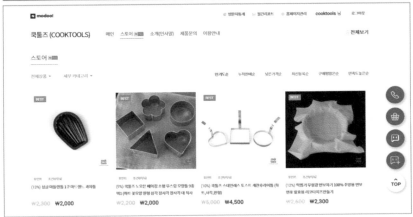

그림 모두 홈페이지

이지로 노출할 수 있다. 이전의 다른 서비스와 다른 점은 모두 사이트를 직접 개설해야 스토어와 연결이 가능하다는 것이다. 네이버 아이디로 쉽게 가입할 수 있으며, 별도의 가입조건이나 비용 없이 누구나 쉽게 모바일 사이트를 제작할 수 있다.

모두 홈페이지 개설 후 스토어 연동을 설정하면 스마트스토어에 등록한 상품이 모두에서도 노출되며, 상품을 클릭하면 스마트스토어로 바로 연결되어 구매까지 한 번에 할 수 있다.

그림 **그라폴리오**

☑ 그라폴리오

그라폴리오는 일반 상품을 판매하는 판매자보다는 창작활동을 하는 판매자에게 어울리는 채널이다. 그라폴리오 자체가 가지고 있는 콘셉트가 명확해 가입조건이 모두 홈페이지에 비해 제약이 있다. 그라폴리오도 그라폴리오 홈페이지에서 직접 가입 후 스마트스토어와 연결할 수 있다.

연동이 완료되면 그라폴리오 아트상품 영역에 노출된다. 상품 콘셉트가 그라폴리오와 연동할 만한 것이라면 그라폴리오에 가입해 상품이 다시 한 번 노출될 수 있도록 설정해보자.

☑ 네이버 애널리틱스

스토어에서 이루어지는 방문자 유입 분석, 페이지 분석 등 마케팅 수단으로 활용할 수 있는 다양한 분석을 제공하는 서비스다. 물론 스마트스토어센터의 '내 통계자료'를 활용해도 좋지만, 조금 더 디테일한 분석을 원한

그림 **네이버 애널리틱스 설정**

다면 애널리틱스에 가입해 세부적인 분석을 확인할 수 있다. 애널리틱스도 먼저 네이버 애널리틱스 사이트에 가입해 연동할 수 있는 아이디를 발급받아야 한다. 설정 부분에서 사이트를 등록하면 등록된 사이트별로 아이디를 발급받을 수 있다.

애널리틱스에서 발급받은 아이디를 애널리틱스 설정 시 입력하면, 검증을 통해 연결할 수 있다. 검증되지 않은 아이디값을 입력했을 경우 저장이 되지 않거나, 저장되었다 하더라도 정확한 정보를 수집할 수 없으므로, 발급받은 정확한 값만 입력하도록 하자. 스마트스토어 통계분석과 관련해서는 PART 7에서 자세하게 알아볼 것이다.

가격비교 서비스 연결

노출서비스 관리에서 두 번째로 가격비교 서비스 연결을 할 수 있다. 가격 비교 서비스 연결은 '에누리'사이트와 진행되며, 에누리 사이트에 입점을 설정해야 연결이 가능하다.

연결이 완료되면 에누리 가격비교 사이트에서 스마트스토어 상품을 노출할 수 있다. 스마트스토어에서 상품등록 시 가격비교 사이트 등록 영역에서 에누리 항목에 체크하자. 같은 상품이라도 내가 판매하는 상품이 최저가로 지속적으로 공급 가능한 상품이라면, 가격비교에 노출시킴으로써 판매율을 높일 수 있다.

SNS 채널 연결

기본적으로 연결이 제공되는 채널은 네이버 블로그, 페이스북, 인스타그램이다.

네이버 블로그는 판매자가 상품판매와 관련해 운영하는 채널이 있다면, 운영하는 블로그의 아이디 연동을 통해 쉽게 설정할 수 있다. 페이스북, 인스타그램 역시 별도의 인증 없이 운영하고 있는 계정정보 입력을 통해 쉽고 빠르게 채널들을 연동할 수 있다. 연동된 계정정보는 스마트스토어 사이트 내 프로필 영역에서 확인할 수 있다.

PC와 모바일에서 동일하게 프로필 영역에 노출되지만, PC에서는 사이트 하단에도 아이콘이 노출되어 판매자들이 소개페이지까지 접속하지 않

그림 SNS 채널 연결

고도 바로 연관 채널로 이동이 가능하다. 운영하고 있는 채널들의 연결을
통해 마케팅 도구로 활용해보자.

언택트 쇼핑에 주목하라

　　　　　　최근 비대면 쇼핑(언택트 쇼핑)이 이슈다. 비대면
쇼핑은 오프라인 매장이나 마켓이 직접 방문하지 않고 상품을 구매할 수
있는 인터넷 쇼핑이 대표적이다. 비대면 쇼핑이 증가하면서 온라인 매출
이 상승하고 있는 지금, 예전과 같은 이미지와 텍스트 형태로 제품에 대한
정보를 전달하는 데는 한계가 있다. 이런 이유로 네이버는 구매고객들에
게 실제 매장을 방문하지 않고도 매장을 방문한 것과 같이 고객과 쌍방향
으로 소통하며 상품의 설명을 듣고, 편집된 이미지만 보는 상품이 아닌 실
제 상품을 보는 것과 같이 보고 구매할 수 있도록 라이브 커머스 툴을 제
공한다.

　현재 네이버에서 제공되고 있는 라이브 커머스 툴은 N쇼핑라이브로 PC
가 아닌 모바일에서 애플리케이션을 다운받아 설치해야 한다. 스마트스토
어 판매자의 경우 스마트스토어 로그인 아이디로 N쇼핑라이브와 스마트

그림 **라이브 커머스**

스토어의 연동이 가능하다. 연동 후에는 보유한 상품을 라이브 영상으로 소개할 수도 있고, 소비자와 댓글로 소통까지 할 수 있도록 기능을 제공한다. 라이브방송은 스마트스토어 약관에 명시된 매매부적합 상품을 제외하고는 모든 상품을 라이브로 판매 가능하다. 라이브방송 시작 전 홍보하고자 하는 상품을 태깅해 노출할 수 있는데, 태그를 통해 구매전환이 일어났을 때 매출 연동 수수료 발생하니 이 점 참고하도록 하자.

그림 **라이브방송 홍보**

방송 시작 전에는 '라이브 예약'으로 생성된 URL을 통해 SNS나 톡톡하기를 활용해 사전 홍보를 진행할 수 있있다. 방송 시작 후에는 '알림방송기능'을 통해 스토어 소식받기 유저를 대상으로 홍보가 가능하다.

그림 라이브방송 알림과 공유

방송 시작 후에는 공유하기 기능을 이용해 방송 공유가 가능하며, 방송 끝난 후에는 다시보기 URL을 상세페이지에 삽입해 고객에게 생생한 정보를 추가로 제공할 수 있다.

라이브방송은 도입된 지 얼마 안 된 기능으로 아직까지 많은 판매자가 사용하는 기능은 아니다. 그렇다고 해서 라이브방송 진행을 등한시하지 말고, 콘텐츠를 준비해 방송을 진행함으로써 매출을 높여보도록 하자.

Part 6

만족도를 높이는
배송과 정산 관리

입금 확인 및 발주·발송 관리하기

스토어 오픈 후 구매자가 상품을 구매할 수 있도록 상품등록을 완료했다면 판매의 가장 기본 준비는 끝났다. 그러나 온라인 판매의 전반적인 프로세스를 놓고 보면 절반 단계까지 왔을 뿐, 등록한 상품을 직접매출로 연결시키는 방법은 실제 들어온 주문을 처리하는 이후부터다. 실제 고객이 주문한 건에 대해 정확한 상품을 빠르게 배송으로 연결시키는 것은 신뢰도 지수를 높이는 방법이기도 하며, 자신이 신뢰할 수 있는 판매자임을 네이버에 입증하는 방법이기도 하다. 상품주문이 들어왔다면 빠르게 주문내역을 확인 후 상품을 출고하도록 하자.

구매자가 구매결정을 내린 상품을 결제하게 되면 결제방법에 따라 판매자에게 보이는 주문의 형태가 다르다. 결제 시 신용카드 결제나 간편결제를 통해 즉시 결제가 이루어졌다면 해당 상품은 판매자에게 신규주문 건으로 바로 보인다. 반면 가상계좌 입금이나 무통장 입금 등과 같이 판매자

표 주문 후 발송 및 구매확정 과정

주문완료 미입금확인	입금	발주확인 발주/발송 관리	발송확인 발주/발송 관리	배송 추적 배송현황 관리	구매확정 배송현황 관리

발주확인–배송준비중	발송처리–배송중	배송추적–배송완료	구매확정–구매확정
관리메뉴: 발주/발송관리	관리메뉴: 발주/발송관리	관리메뉴: 배송현황 관리	관리메뉴: 배송현황 관리

• 발송가능 여부 확인
  (판매자)
• 발주확인(배송준비
  시작)
• 판매불가 취소처리
• 발송지연 안내처리
	• 택배사/송장번호 입력
	• 배송추적 정보제공 시작
	• 구매확정 보류내역 확인
	• 배송중 문제건 확인
		• 상품 배송상황 확인
		• 구매확정 지연건 확인
		• 오류송장 등록내역 확인
		• 구매확정 요청처리
			• 구매확정 내역 확인

출고 시 주의점

❶ 주문이 들어온 후 해당 주문건에 대해서는 약속한 출고일을 꼭 지켜야 한다. 오늘배송 상품은 출고 마감시간을 기준으로 당일 출고를, 오늘배송 상품이 아니라면 주문 후 2일 이내에 상품을 출고하도록 하자. 일반 상품의 경우 2일 이내 출고하지 않는다면 판매자 페널티로 연결될 수 있다. 단, 핸드메이드 상품이나 해외 배송상품은 예외적으로 출고일이 길어져도 문제 되지 않는다.

❷ 출고 시 구매자가 구매한 상품이 아닌 다른 상품을 배송하거나 빈 박스 상태로 보내지 않는다. 이는 스마트스토어 판매자 규약을 위반하는 행위로 네이버에서도 엄격히 제재하고 있다.

❸ 상품 파손이나 배송 시 사고를 미연에 방지하기 위해 포장상태에 신경을 쓴다. 크기가 작은 상품의 경우 너무 작은 박스를 사용하면 배송 중 분실사고가 발생할 수 있다. 또 상품에 너무 딱 맞는 크기의 박스를 사용하거나 포장비를 아끼고자 대충 포장을 했다면 배송 중 상품이 파손될 수 있다. 상품이 안전하게 고객에게 배송될 수 있도록 포장에도 신경을 쓰자.

표 결제방법에 따른 주문 형태

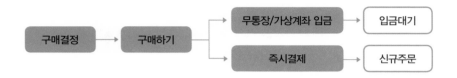

가 직접 구매대금을 입금해야 하는 경우에는 입금대기로 보인다. 입금대기로 들어온 주문건은 약 80% 정도가 실구매로 이어지지만, 대금이 입금되지 않은 채 입금기한이 지나 구매취소로 이어지는 경우도 있다.

입금대기 상품은 바로 상품을 준비해서 포장하고 출고준비를 해야 하는 단계는 아니다. 다만 주문으로 전환될 확률이 높은 상품이므로, 미리 재고를 파악하고 출고를 위한 기본준비를 하는 데 참고하면 좋다.

신규주문으로 들어온 주문건은 실제 고객이 구매상품에 대한 결제를 완료했으니 판매자가 출고준비를 해야 한다. 신규주문이 들어온 내용은 확인 후 발주확인을 하는 것이 첫 번째 단계다.

신규주문 및 입금대기 내역은 스마트스토어센터에서 자세하게 확인할 수 있으며, 각각의 건수를 클릭하면 상세내용도 확인할 수 있다. 또한 좌측의 [판매관리 > 발주/발송 관리] 메뉴를 통해서도 주문내역을 확인할 수 있다. 발주/발송 관리에서는 주문이 들어온 상품에 대한 확인부터 발송, 취소처리 등 상품출고 직전까지 판매자가 판매상품에 대한 처리를 진행하는 곳이다.

그림 발주/발송 관리

☑️ 주문확인

제품포장 직전까지의 처리 단계다. 즉 상품주문이 들어와서 출고가 가능한 상황인지 아닌지, 출고가 가능하다면 언제 가능한지, 그리고 주문자 정보에 문제가 없는지 등을 이 단계에서 확인하고 처리한다.

발주확인: 신규주문건에 대해 발주확인 처리를 진행하면, 해당 상품은 신규주문에서 배송준비 단계로 넘어간다. 이때 구매자는 판매자가 발주확인을 하기 전까지는 본인의 의사대로 구매상품에 대해 판매자 승인 없이 취소할 수 있지만, 발주확인이 진행된 상품이라면 판매자의 승인 없이는 구매상품을 취소할 수 없으며 구매자 정보 수정 또한 불가능하다. 발주확인

후 취소요청건에 대해서는 판매자가 상품출고를 하지 않은 상태라면 바로 취소를 진행해도 좋다.

발주확인이 완료된 이후 발송기한이 경과될 때까지 상품발송을 완료하지 않으면 구매자가 임의 취소할 수 있다. 결제완료일로부터 3영업일 이내 발송이 가능한 경우에만 발주확인을 하도록 하자.

발송지연 안내하기: 상품출고 시 약속한 기한 내에 상품을 출고할 수 없는 경우 발송지연 안내를 통해 고객에게 발송 가능한 날짜 및 발송지연 사유를 전달할 수 있다. 설정한 발송기한이 지나면 페널티를 받을 수 있으니 일

그림 **발송지연 안내하기**

정에 여유를 두고 설정하자.

하단에 [발송지연 안내하기] 버튼을 클릭하면 팝업창이 뜨는데, 여기에 발송지연 사유, 발송기한, 발송지연 상세사유를 넣고 '발송지연 안내하기'를 클릭한다. 입력한 내용은 구매자에게 SMS와 이메일로 전달된다.

☑️ 발송처리

발송처리는 실제 주문건에 대해 상품출고 준비까지 완료된 상태를 의미한다. 발송처리를 진행하면 기존에 '배송준비'였던 상품들이 '배송중'으로 넘어간다. 이 단계에서는 주문이 들어온 상품을 포장하고, 송장번호를 입력함으로써 구매자들에게 상품출고 여부를 알리고, 시스템상에서는 배송중으로 처리된다.

발송처리: 상품준비가 완료된 상품에 대해 송장번호를 입력하는 단계다. 송장번호를 입력하면 고객에게는 SMS로 상품이 출고되었음이 고지되고, 시스템상에서는 배송준비에서 배송중으로 변경된다. 배송방법은 '택배, 소포, 등기', '퀵서비스', '방문수령', '직접전달' 중에서 선택할 수 있다. 퀵서비스나 직접전달은 송장번호가 부여되지 않기 때문에 송장번호를 입력하지 않아도 발송처리를 진행할 수 있으며, 그 외의 배송방법에 대해서는 송장번호를 반드시 입력해야 한다.

엑셀 일괄발송: 상품 주문건수가 많다면 한 건씩 송장번호를 입력하기 힘들다. 이때 상품의 송장번호를 엑셀로 입력한다면 한꺼번에 많은 송장정보를 쉽고 편리하게 등록할 수 있다. 등록 성공 및 실패건에 대해서는 '등록실패건 엑셀 다운로드'를 통해 실패리스트를 다운받을 수 있으며, 실패사유 확인 후 재등록하면 된다.

발송처리 시 주의사항

❶ 이미 사용된 송장번호는 입력되지 않는다. 송장번호가 입력되지 않는다면 이미 사용된 송장번호는 아닌지 확인해보도록 하자.

❷ 상품을 출고하지 않고 송장번호만 입력해서 상품이 출고된 것처럼 보이는 행동은 하지 말자. 적발되면 스마트스토어 판매활동에도 문제가 될 수 있는 부분이다. 실제 출고된 상품에 대해서만 송장번호를 입력하도록 하자.

❸ 배송지연을 방지하기 위해 배송방법을 수정하는 행위는 금하고 있다. 고객의 요청에 의해 기존 택배로 발송될 상품을 직접수령이나 퀵서비스로 변경하는 것은 문제가 되지 않지만, 의도적으로 배송방법을 여러 번 수정하거나 페널티를 피하기 위한 방법으로 사용한다면 제재를 받을 수 있다.

합포장 일괄발송: 한 명의 구매자가 여러 개의 상품을 구매한 경우 합포장 일괄발송을 통해 송장번호를 하나만 기입함으로써 발송처리 할 수 있다. 이때 주문자 이름이 같아도 주소지가 다른 경우 합포장이 불가능하다.

굿스플로 송장출력: 국내 사업자에 한해서만 지원되는 기능으로, 택배사 계약 확인 후 굿스플로 송장출력 서비스를 신청하면 이용할 수 있다. 이 기능을 이용하면 한 번에 배송신청 및 송장출력이 가능하다.

송장수정: 송장입력 시 송장번호를 잘못 입력해 수정이 필요하면 판매자가 직접 수정할 수 있다. 이때 배송완료 전까지의 송장만 수정할 수 있으며 배송완료된 송장의 경우 수정할 수 없다.

☑ 취소처리

상품출고가 어려운 경우 판매자가 직접 주문건에 대해 취소처리를 진행할 수 있다.

판매취소: 판매자가 직접 판매취소를 진행하는 경우 취소사유를 선택할 수 있다. 이때 취소사유를 '상품품절'로 선택할 경우 취소한 상품 또한 동시에 품절로 처리되어 추가구매가 이루어지지 않도록 자동으로 처리된다. 상품품절, 배송지연, 서비스 및 상품 불만족, 상품정보 상이는 판매자 귀책 취소사유다. 이때 상품품절로 취소하는 경우 판매자에게 페널티가 부여될 수 있으며, 상품품절 이외에도 임의로 취소를 진행해 구매자 불만이 발생하면 판매자에게 페널티가 부여될 수 있다.

하나의 상품번호에 수량이 여러 개인 경우 부분취소는 불가하며, 상품 주문번호 단위별로만 가능하다. 또한 본 상품과 추가 구성상품을 함께 구매한 경우 추가 구성상품만 환불하는 것은 가능하나 본상품만 환불하는 것은 불가능하다.

배송현황 및 구매확정 내역 알아보기

[판매관리 > 배송현황 관리] 메뉴에서는 발송처리 이후 배송중, 배송완료 또는 구매확정 보류된 주문을 확인할 수 있다. 보통 고객의 요청에 의해 상품의 출고여부 확인 및 현재 배송현황 등을 확인하게 되며, 필요에 따라 송장정보를 수정하기도 한다.

☑ 배송중 문제건

판매자가 제품출고 시 송장을 잘못 입력했거나 또는 송장입력 후 택배사 시스템에 적용되는 시간 사이에 취소건이 발생한 경우, 시간 차로 인해 업데이트가 정상적으로 반영되지 않은 경우에 배송중 문제건으로 분류된다. 문제건을 확인한 후 송장을 수정하거나 기타 문제가 발생 시 문제를 해결하는 것도 판매자가 관리해야 할 일이다.

그림 배송현황 관리

☑ 구매확정 연장

구매확정은 구매자가 상품을 수령하지 못했거나 기타 사유로 인해 확정 기간을 연장한 주문건이다. 구매확정 연장 사유를 확인하고 해결되면 '구매확정 요청하기'를 눌러 구매자에게 다시 한번 구매확정을 요청할 수 있다. 구매확정은 대금결제와 연관되어 있는 항목이다. 구매확정이 늦어지면 그에 따라 해당 제품에 대한 대금결제 또한 늦어진다. 구매확정 연장된 상품은 자동 구매확정 예정일로부터 10일 뒤 자동 구매확정이 진행된다.

☑ 구매확정

구매확정 및 교환완료 상태의 주문내역을 확인할 수 있다. 구매확정까지 진행된 상품은 구매고객이 상품을 받고 더 이상의 클레임을 진행하지

구매확정 후 클레임이 접수됐다면?

❶ 구매확정 후 구매자가 반품을 요청하는 경우 구매확정 취소처리를 할 수 있다.

❷ 구매확정 후 취소처리는 반품배송비 청구가 불가능하므로 취소(직권취소) 이 전 별도로 비용처리를 진행해야 한다.

않겠다는 의미로, 해당 판매건이 종료되었음을 의미한다. 구매고객이 직접 구매확정을 하지 않으면 시스템에서 자동으로 구매확정이 진행되며, 구매확정된 상품은 구매확정 후 영업일 기준 +1일 이후 정산이 이루어진다.

자동 구매확정은 택배·등기·소포 등 배송추적이 가능한 택배사로 발송처리가 진행된 주문이라면 배송완료일로부터 8일째 되는 날, 배송추적이 불가한 배송업체 등 배송완료를 확인할 수 없는 주문이라면 발송처리일로부터 28일째(해외배송의 경우 45일째) 되는 날 진행된다. 배송없음의 주문은 발송처리 후 8일째 되는 날 자동 구매확정이 이루어진다.

☑ 배송중

배송준비 단계의 상품에서 판매자가 송장번호를 입력하면 배송중 단계로 넘어가게 된다. 이때 배송중 항목에서 배송이 진행된 상품을 확인할 수 있다. 배송중인 경우 구매고객은 구매취소를 할 수 없으며, 출고된 상품을 취소하고 싶다면 반품으로 접수해야 한다.

☑ 배송완료

배송중 상품이 판매자 계약택배사 시스템과 연계되어 배송완료로 확인될 경우 스마트스토어센터에서도 동일하게 배송완료로 처리된다. 단, 배송추적이 불가능한 직접전달, 퀵서비스, 방문수령 등은 스마트스토어센터에서 자동으로 배송완료 처리가 되지 않으므로 구매자가 구매확정을 하거나 자동 구매확정이 될 때까지 기다려야 한다.

☑ 구매확정 요청

판매자가 구매고객에게 직접 빠르게 구매상품에 대한 구매확정을 요청할 수 있는 기능이다. 시스템에 따라 자동으로 구매확정 요청이 진행되었음에도 불구하고 고객이 구매확정하지 않은 구매건에 대해 요청할 수 있으며, 발송일로부터 8일이 경과된 주문건에 대해 요청할 수 있다. 주문상태가 '배송중' 또는 '배송완료'인 주문건에 해당하며, 시스템에 의한 자동 구매확정 대상이 아닌 경우에만 구매확정을 요청할 수 있다.

구매확정 요청 시 구매자에게 구매확정 요청 안내메일이 발송되며, 구매확정 보류 사유가 없는 경우에는 안내메일 발송일로부터 5일째 되는 날 자동으로 구매확정 처리된다.

취소·반품·교환 관리법

소비자는 상품을 구매하기 위해 결제를 완료한 시점부터 구매한 상품에 대한 구매확정 전까지 구매한 상품에 대한 클레임을 제기할 수 있다. 판매에서 클레임을 줄이는 것 또한 스토어 운영의 효율을 높일 수 있지만, 불가피한 상황의 클레임은 판매자가 해결을 위해 적극 노력해야 한다.

클레임을 해결하는 방법과 시간에 따라서 구매취소한 고객의 마음을 돌릴 수 있거나 이미 구매한 고객이 새로운 상품을 구매하는 리텐션이 일어나게 할 수도 있다. 스마트스토어에서 제기되는 클레임은 크게 취소, 반품, 교환의 3가지로, 어떻게 대처해야 할지 알아보도록 하자.

상품출고 전 일어나는 취소 관리

취소요청은 구매자로부터 주문이 취소되는 것을 말한다. 즉 구매자가 구매한 상품에 대해 구매의사가 없어졌을 경우 취소요청을 할 수 있다. 취소요청은 취소 시점에 따라 구매자의 동의 필요 여부가 결정된다.

표 **취소요청 과정**

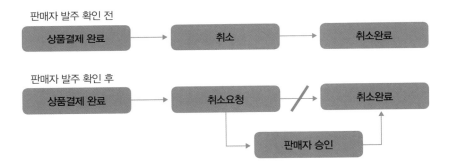

즉 구매자의 상품결제 완료 후 취소요청 시점이 판매자의 발주확인 전이라면, 판매자의 의사나 동의 없이 임의로 취소할 수 있다. 그러나 구매자의 결제완료 후 판매자가 발주확인을 한 상태라면 이미 판매자가 주문건에 대한 상품을 확인 또는 준비하고 있는 단계라고 판단해 판매자의 승인이 있어야 취소가 가능하다. 이때 판매자는 해당 주문건에 대한 처리 진행 경과를 확인 후 취소승인 여부를 결정할 수 있다.

상품취소는 스마트스토어센터 메인 UI 중 '취소요청' 항목을 클릭한 후 취소관리 할 수 있다.

그림 **취소 관리**

취소요청 처리는 판매자가 주문건에 대한 상품 상태에 따라 처리를 결정할 수 있다. 만약 취소요청이 상품출고 전에 요청되었다면 확인 후 바로 취소하겠지만, 제품이 출고된 상황에서 취소요청이 되었다면 '취소거부처리'를 클릭하고 상품출고 정보를 입력해 현재 출고된 상태임을 구매고객에 안내할 수 있다. 배송정보가 없다면 취소거부를 진행할 수 없다.

발송 이후 발생하는 반품 관리

구매자는 상품을 받아본 후 주문 실수, 제품의 문제, 구매의사 취소 등의 이유로 반품접수를 신청할 수 있다. 이때 반품과 관련된 내용은 좌측 [판매관리 > 반품관리] 메뉴에서 내용을 확인할 수 있다.

그림 **반품 관리**

☑ 반품지연

반품수거일로부터 1영업일 이상 또는 반품요청일로부터 7영업일 이상 경과되었지만 반품환불 처리되지 않은 주문건을 확인할 수 있다. 반품지연은 지연 일수에 따라 판매자에게 페널티가 부여된다. 반품수거가 완료되었다면 수거완료 처리해 수거되었음을 알린 뒤, 이후 사항을 처리한다.

☑ 자동 환불대기

반품수거 완료일로부터 1영업일 이상 경과되고 환불보류가 설정되지 않은 주문으로, 수거완료일 기준 4영업일 이후에 환불처리가 진행된다.

만약 환불 불가 사유가 있다면 환불처리 전에 환불보류를 설정해 자동환불을 막을 수 있다.

✅ 환불보류

특정한 사유로 환불이 불가능한 경우 환불보류 처리를 진행해야 한다. 환불보류 설정 시 반품배송비를 청구하기 위해서는 먼저 해당 주문건의 반품사유를 구매자 귀책사유로 변경한 이후에 '반품배송비 청구' 사유로 보류를 설정해야 한다. 상품의 가치를 훼손하거나 그 외의 사유로 반품배송비 이외의 추가 비용 청구가 필요한 경우에는 '기타반품비용 청구' 사유로 환불보류 설정을 진행할 수 있다. 이때 기타비용 청구금액은 직접 입력할 수 있으며 상품금액의 50% 이하의 금액으로만 설정할 수 있다. 환불보류가 해제되기 전까지는 해당 반품건에 대해 환불이 진행되지 않으며, 환불보류 사유 해소 후에는 반드시 환불보류 해제를 통해 해당 상품이 환불될 수 있도록 처리해야 한다. 단, 수거완료 상태에서 배송비가 청구되어 있고, 비용이 환불차감금으로 결제되는 경우에는 보류를 해제하지 않고 바로 반품처리를 진행하면 된다.

✅ 반품요청

구매한 상품에 문제가 있거나 구매자의 변심으로 인해 환불이 필요한 경우, 구매자는 판매자에게 반품요청을 진행할 수 있다. 이때 반품요청은 구매자가 직접 네이버페이를 통해 진행한다. 직접 반품요청이 어려운 경우 판매자의 권한으로 반품 접수를 진행할 수 있다.

구매자가 직접 반품을 요청한 경우 반품배송비는 환불금액에서 차감 설

환불보류 설정

· 함께 처리 가능한 상품주문건이 모두 노출됩니다.
· 상품주문건을 선택한 후, 환불보류를 설정해 주세요.
· 여러개의 상품주문건을 묶어서 반품비용을 부과하고 싶으신 경우, 단건 상품주문건에 반품비용을 설정 후,
 나머지 상품주문건은 기타사유로 보류설정을 각각 진행해 주세요.

| 상품 주문 선택 (주문번호)

	상품 주문번호	상품명	판매가
☐		스테인레스 초콜렛 손잡이 템퍼링 중탕볼 스텐볼 (소 / 중 / 대) 옵션 > 사이즈: 중탕볼_대	9,700원
☐		스테인레스 초콜렛 손잡이 템퍼링 중탕볼 스텐볼 (소 / 중 / 대) 옵션 > 사이즈: 중탕볼_중	7,400원
☑		스테인레스 초콜렛 손잡이 템퍼링 중탕볼 스텐볼 (소 / 중 / 대) 옵션 > 사이즈: 중탕볼_소	4,600원

* 반품사유 수정이 필요하시면 [수정] 버튼을 눌러 사유를 수정하신 뒤, [저장] 버튼을 클릭해 주세요.

· 반품요청 사유   파손 및 불량   ▼ [수정]
· 반품요청 상세사유   쓰자마자 손잡이 떨어졌음

                                                        13/500

* 반품요청 사유가 '구매자귀책.' 인 경우에만 반품배송비 및 기타 반품비용 청구가 가능합니다.

· 보류사유 선택   보류사유 선택   ▼
· 반품배송비 금액   0
· 기타 반품비용 금액
· 사유 입력   구매자에게 안내되는 환불보류 사유를 입력해 주세요.

                                                        0/500

                        [보류설정]

그림 **환불보류 설정**

정할 수 있다. 판매자가 직접 해당 반품을 설정한 경우 반품배송비는 판매
자와 구매자가 직접 해결해야 한다.

반품상품이 판매자 쪽에 입고된 후에 반품처리를 진행한다. 반품요청 된 상품에 대해서는 반품완료 처리 또는 반품거부 처리를 진행한다.

☑ 반품수거중

구매고객이 반품을 접수하면, 계약택배사가 있는 경우 계약택배사로 수 거요청이 가며, 계약택배사가 없는 경우 네이버 지정택배사(우체국택배, 배 송비 3천 원)로 수거요청이 간다. 자동수거 접수 시 판매자 반품택배사 등록 정보에 따라 반품택배 예약이 진행되며, 일반적으로 2~3영업일 안으로 택 배사 직원이 방문해 수거한다.

초반에는 계약택배사 없이 기본택배사로 반품수거를 요청해 처리해도 좋지만, 기본택배사 수거요청 시 충전금에서 배송비가 차감되기 때문에 추후 계약택배사로 진행하는 것이 유리하다.

☑ 반품수거완료

상품수거가 완료된 경우 반품수거완료 내역에서 확인한다. 상품수거 여 부 또는 반품배송비 결제 여부에 따라서 해당 반품건에 대해 반품승인을 바로 진행할 수 있다. 문제가 있다면 반품거부 또는 환불보류 처리를 통해 해당 문제를 해결한 후 반품처리를 진행한다.

☑ 반품완료

반품요청건에 대해 수거가 완료되었고, 상품과 배송비 문제가 없을 경 우 판매자는 반품완료를 진행한다. 반품완료 시 수량 단위의 반품환불은 불가능하며, 상품 주문번호 단위별 반품처리만 가능하다.

표 반품처리 과정

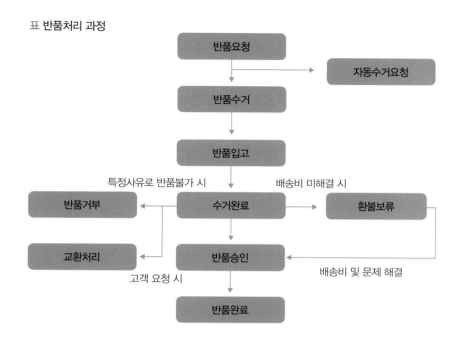

☑ 교환으로 변경

반품상품을 수령했지만 고객의 요청에 의해 반품을 교환으로 변경할 수 있다. 이때 교환처리 전 반드시 구매자와 협의를 진행한 이후에 처리해야 이후 분쟁을 막을 수 있다.

고객이 요청하는 교환 관리

구매고객이 주문했던 상품을 다른 상품과 교환을 원할 경우 요청할 수 있는 '교환'을 신청한다. 교환 관리는 [판매 관리 > 교환 관리] 메뉴를 통해 확인할 수 있다. 교환요청이 들어오면 상품이 판매자에게 입고된 것을 확

그림 **교환 관리**

인 후 상품을 교환해주면 된다.

☑ 교환지연

교환지연은 교환수거일로부터 1영업일 이상 또는 교환요청일로부터 10영업일 이상 경과되었으나 재배송 처리되지 않은 주문건이다. 이때 교환 재배송 처리가 지연되면 페널티가 부과될 수 있다. 교환상품이 입고되고, 상품에 문제가 없다면 빠른 시일 내에 교환 재배송 처리를 진행하자.

☑ 교환보류

특정 사유(교환배송비, 기타 교환비용 청구 등)로 교환보류가 설정되어 있는 주문건이다. 교환보류가 해제되기 전까지는 교환처리가 진행되지 않으므로, 고객과의 협의를 통해 문제를 해결하고, 교환보류를 해제해야 교환이 진행된다.

☑ 구매확정 연장

구매자가 상품을 수령하지 못하거나 기타 사유로 구매확정 기간을 연장한 주문건이다. 구매자는 구매확정 연장을 1회 10일씩 최대 3회(30일)까

240

지 연장할 수 있으며, 재연장을 원하는 경우 자동 구매확정 예정일로부터 3일 전에 연장할 수 있다.

☑ 교환요청

교환접수된 주문건을 확인할 수 있다. 교환요청 상태에서 판매자는 교환 재배송 처리 또는 교환거부 처리가 가능하다. 상품의 상태를 꼼꼼하게 확인하고, 배송비 처리 여부를 확인한 후 상황에 맞게 처리한다.

☑ 교환수거중

교환요청이 들어오면 연계되어 있는 시스템에서 자동으로 수거요청이 진행된다. 이때 고객에게서 상품이 수거되었다면 교환수거중으로 표시되며, 수거중 상태의 상품을 확인할 수 있다.

☑ 교환수거완료

교환상품 수령 시 교환수거완료로 처리한다. 상품수거 및 교환배송비 결제 여부에 따라 교환 재배송 처리 또는 교환거부 처리가 가능하며, 특정 사유로 인해 교환이 불가능한 경우 교환보류 설정 후 구매자와 협의해 이후 과정을 처리한다.

☑ 교환 재배송 처리

교환상품을 수령한 후 교환불가 사유가 없다면 상품 재배송 송장정보를 등록해야 한다. 재배송 처리가 늦어질 경우 판매자에게 페널티가 부여되므로 특별한 사유가 없다면 빠르게 교환배송 처리를 진행하는 것이 좋다.

그림 **교환 재배송 처리**

☑ 교환거부 처리

교환불가 사유가 있다면 교환거부 처리를 할 수 있다. 철회 전에는 반드시 구매자와 협의해야 한다. 교환배송비가 결제되어 있는 상태에서 교환거부로 처리되면 결제된 교환배송비는 자동으로 환불된다.

☑ 반품으로 변경

교환상품을 수령한 후 상품품절이나 기타 사유로 인해 재배송이 불가능한 경우 반품으로 변경할 수 있다. 단, 재배송 처리되었다면 반품처리가 불가능하며, 반품처리 전 반드시 구매자에게 안내 후 반품으로 변경처리를 진행해야 분쟁을 막을 수 있다. 교환배송비가 결제되어 있는 경우에는 반품으로 변경할 수 없으며, 반품으로 다시 처리해야 한다.

☑ 교환보류 설정 및 해제

구매자의 잘못에 따른 교환인 경우 교환요청 시 '교환배송비 청구' 사유로 교환보류가 자동으로 설정되며, 교환배송비 결제 시 자동으로 보류가 해제된다. 교환이 이미 접수된 건에 대해 교환배송비를 청구하려면 먼저 해당 주문건의 교환사유를 구매자 귀책사유로 변경한 후 '교환배송비 청구' 사유로 보류 설정한 뒤 진행하면 된다.

그림 **교환보류 설정**

도서산간지역 추가배송비 발생 등으로 교환배송비 이외의 추가비용을 청구하려면 '기타교환배송비 청구' 사유로 교환보류를 설정하면 된다. 기타교환배송비용 청구금액에는 교환배송비와 추가교환배송비의 합산금액을 입력해야 한다. 이미 결제되어 있는 배송비는 따로 환불처리 할 수 없으며, 환불이 필요한 경우 교환거부 처리를 통해 환불을 하거나 고객센터를 통해 별도로 환불을 진행해야 한다.

☑ 교환사유 수정

교환접수가 구매자의 귀책사유일 경우 교환배송비는 구매자가 부담하게 되며, 판매자 귀책사유일 경우 교환배송비용은 판매자가 부담한다. 교환신청 시 구매자 귀책사유이나 판매자 귀책사유로 교환접수되어 교환배송비 청구가 필요한 경우, 판매자는 교환사유를 수정해 교환배송비를 구매자에게 요청할 수 있다.

☑ 수거정보수정

교환접수건에 대해 수거가 진행되지 않은 경우 구매자의 교환수거지 주소를 변경할 수 있다. 수거가 진행된 이후에는 수거정보를 변경할 수 없다.

☑ 교환완료(최근 3일)

교환완료 된 주문건에 대해 확인한다. 교환배송비는 교환완료 시점으로부터 1영업일째 되는 날 정산된다.

스토어는 오늘 하루 얼마를 벌었을까?

스마트스토어 판매자라면 당연히 하루에 얼마를 벌었는지 또는 한 달에 얼마의 매출을 올렸는지가 궁금할 것이다. 이때 판매 매출을 확인할 수 있는 메뉴가 스마트스토어 정산관리 메뉴다. 여기에서는 판매자의 상품대금이 언제(정산예정일·정산완료일), 얼마나(정산금액), 어떻게(계좌이체·충전금) 처리되는지 확인할 수 있다. 정산내역에서 일별 정산 금액뿐만 아니라 건별정산, 수수료 현황까지 한눈에 볼 수 있다. 또한 다음 달 판매자 등급을 예측하는 지표로도 사용할 수 있다.

정산내역에서 가장 먼저 확인할 수 있는 부분은 나의 정산방식 및 정산 주기, 정산예정일이다.

정산방식은 판매자의 선호도에 따라 계좌이체와 충전금 중 하나의 방법으로 선택한다. 계좌이체를 선택하면 매일매일 판매대금을 정산받을 수 있다. 계좌이체의 정산예정일은 구매자가 구매한 상품에 대한 구매확정을 한

그림 **정산내역**

다음 날이다. 만약 구매자가 4월 20일 자로 구매확정을 했다면, 해당 상품에 대한 금액은 4월 21일에 바로 판매자의 계좌로 입금된다.

충전금으로 설정되어 있을 경우, 판매대금은 충전금으로 확인할 수 있다. 해당 금액은 판매자의 요청에 따라 판매자가 설정해놓은 계좌로 출금신청일로부터 1일 이후 신청금액이 입금된다. 예를 들어 4월 20일 판매자가 충전금 중 100만 원을 출금신청 했다면, 100만원은 4월 21일 판매자의 계좌로 입금된다.

만약 지급방식을 변경하고 싶다면 스마트스토어 좌측 메뉴의 [판매자 정보 > 판매자 정보 > 정산정보]에서 할 수 있다. 단, 변경신청일로부터 1일 이후 적용된다.

한눈에 보는 스마트스토어 정산항목

정산 항목에서 기간을 선택해 정산내역을 확인할 수 있다. 정산내역을 통해서 정산된 금액에 대한 결제금액, 수수료 합계, 혜택정산, 일별 공제환급, 지급보류, 마이너스 충전금 등 정산금액의 세부항목을 확인한다. 수수료는 내 정산금액에서 공제되는 금액이므로, 어떤 항목에서 어떻게 수수료가 빠져나가는지를 꼭 확인해야 한다.

☑ 결제금액

결제금액은 배송비를 포함해 구매자가 결제한 총 금액의 합산금액을 의미한다. 이때 결제금액을 모두 정산받는 것이 아니라, 결제금액에서 수수료를 제외한 나머지를 정산받게 된다. 해당 금액을 클릭하면 결제금액에서 결제수수료와 네이버 쇼핑 매출연동 수수료로 얼마가 공제되고 입금을 받을 수 있는지 세부 항목을 확인할 수 있다.

☑ 수수료합계

스마트스토어의 수수료는 크게 네이버페이 결제수수료와 네이버 쇼핑 매출연동 수수료로 나눌 수 있다. 네이버페이 결제수수료는 주문건별로 발생하는 PG결제 수수료를 판매자에게 과금하는 방식으로, 매출이 발생하면 결제수수료를 차감한 후 정산된다. 네이버 쇼핑 매출연동 수수료는 판매자가 스마트스토어에 상품등록 시 네이버 쇼핑에 노출되도록 연동했을 때 검색에 노출된 상품이 판매되면 건당 2%의 수수료를 부과한다.

그 외에 무이자할부 수수료의 경우 상품등록 시 판매자가 고객에게 무

결제수수료 할인등급 분류

중소상공인 카드 수수료 부담을 완화하기 위해 기존에 고정 3.74%였던 카드 수수료를 매출규모에 따라 여러 등급으로 분류해 수수료 인하 정책을 시행하고 있다. 스마트스토어를 포함해 국세청에 신고되는 사업자의 총 매출금액 기준으로 분류한 등급은 다음 표를 참고하자.

구분	매출액 기준
영세	~3억 원
중소1	3억 ~5억 원
중소2	5억~10억 원
중소3	10억~30억 원

결제수단		수수료
신용카드 / 체크카드	일반	3.74%
	신용카드 / 체크카드 영세	2.20%
	신용카드 / 체크카드 중소1	2.75%
	신용카드 / 체크카드 중소2	2.86%
	신용카드 / 체크카드 중소3	3.08%
계좌이체		1.65%
무통장입금(가상계좌)		1% (최대 275원)
휴대폰결제		3.85%
보조결제(네이버페이 포인트)		3.74%

개인판매자와 해외판매자는 카드수수료 할인 적용에서 제외되며, 적용 대상자는 팝업을 통해 본인의 등급 및 적용된 할인율 확인이 가능하다.

이자할부 혜택을 적용했을 때 판매자가 부담한다. 만약 상품등록 시 무이자할부를 적용하지 않았다면 할부 수수료는 과금되지 않는다.

☑ 혜택정산

혜택정산은 쿠폰정산과 적립정산을 나눈다. 쿠폰정산은 네이버에서 발행한 쿠폰금액에 대한 정산이다. 혜택정산은 판매자가 상품등록 시, 상품구매 시 또는 리뷰작성 시 설정해놓은 포인트 지급 금액에 따라, 실제 고객이 리뷰를 작성한 경우, 또는 상품구매 시 지급되는 포인트에 대한 판매자 부담금을 말한다. 정산된 판매자의 부담금은 상세조회를 통해서 어떤 고객에게 어떠한 형태로 얼마만큼 금액이 들어갔는지 확인이 가능하다.

☑ 일별공제/환급

공제 항목에서는 판매자는 판매상품 등록 시 상품의 대량 구매를 유도할 수 있도록 복수구매 할인을 설정할 수 있다. 이때 설정된 할인금액 또는 판매자가 설정한 조건부 무료배송 조건에 맞추기 위해 구매자가 여러 개의 상품을 조건에 맞춰 구매했다가 취소처리가 되었거나 네이버페이 지정 택배사(우체국택배)를 통해 반품/교환 시 상품수거에 대한 배송운임이 발생한 경우 판매자 정산대금에서 차감된다. 환급은 복수구매할인, 조건부 무료 적용 후 부분취소/반품으로 인해 판매자에게 정산된 내역을 의미한다.

기간별 해당 목록을 확인해보면 판매자가 공제받은 금액, 환급받은 금액뿐만 아니라 어떠한 사유로 인해 공제(또는 환급)됐는지 알 수 있다. 만약 판매자 정산금이 부당하게 많이 차감되었다고 생각되는 부분이 있다면 공제/환급 영역까지 꼼꼼하게 확인하고 살펴볼 필요가 있다.

표 공제와 환급 항목

구분	항목	내용
공제	복수구매할인취소	복수구매 할인 적용이 취소된 경우
	공제배송비금액변동	조건부무료배송 적용이 취소된 경우
	공제지정반품택배	네이버페이 지정택배사(우체국택배)를 통해 반품/교환상품택배 후 차감된 배송비내역
환급	복수구매할인취소	복수구매할인 적용 후 부분취소/반품으로 판매자에게 정산된금액
	환급배송비변동금액	조건부무료배송 적용 후 부분취소/반품으로 판매자에게 정산된 배송비 금액

☑ 지급보류

특정한 사유로 인해 판매대금정산 지급이 보류된 내용이다. 시스템상에서 보류된 내용을 확인할 수 있지만 지급보류 사유 및 해제는 고객센터를 통해 해결해야 한다.

☑ 마이너스충전금상계

마이너스충전금은 판매자가 일별 정산받을 금액보다 판매대금 정산 후 구매자와 판매자의 협의를 통한 취소가 진행될 때 취소금액이 큰 경우 발생한다. 기존에 충전금이 있었던 판매자라면 보유하고 있던 충전금액이 0원이 될 때까지 자동으로 마이너스되는 금액은 충전금에서 빠져나가는데, 이를 마이너스충전금상계 항목에서 확인할 수 있다. 자세한 내용은 SECTION 03 충전금에서 다시 한번 살펴보도록 하자.

부가세와 세금계산서 발행 및 관리

개인판매자가 아닌 사업자판매자라면 사업자 형태에 따라 매년 부가세 신고를 해야 한다. 개인이 직접 신고하거나 세무사를 통해 대리신고를 할 수 있다. 스마트스토어센터에서는 판매자들의 부가세 신고를 돕기 위해 부가세신고 자료를 제공한다.

판매자 유형은 스마트스토어에 신고한 판매자의 기본정보를 토대로 상단에 노출된다. 자신의 정보가 현재 노출되어 있는 판매자의 상태와 동일한지 확인할 필요가 있다. 만약 노출된 정보가 현재 상태와 다를 경우, 다시 말해 개인판매자에서 사업자로 전환했거나 사업자의 상태가 변경된 됐다면 스마트스토어에 변경신고를 해야 한다.

사업자는 간이사업자, 개인사업자, 법인사업자의 형태로 구분되는데, 사업자 없이 개인으로 스마트스토어를 개설한 국내거주 개인판매자와 해외거주 개인판매자 및 해외거주 사업자 판매자에게는 '나의 사업자 구분' 항목이 노출되지 않는다.

세금계산서 발행은 판매자가 네이버에 발행한 정보나 판매자가 직접 발행한 내역이 아닌, 네이버가 판매자에게 발행해주는 내역이다. 발행되는 계산서는 판매자의 확인 여부와 관계없이 국세청에 자동으로 신고되며, 조회되는 계산서는 거래 증빙용으로 사용할 수 있다.

10:30 AM　　　　　　　　　　　　📶 85% 🔋

BEST　　　　　　　NEW

이 책으로 쉽게 스마트스토어
를 시작할 수 있었어요!
sw*** | 20일/25.15.
당연상박스 바디겔 이제함　　　›

SOLD OUT

SMARTSTORE

⊕ 스토어찜 5,485　☐ 톡톡

SOLD OUT　　　　　　BEST

S　M　A　R　T　S　T　O　R　E

Continue

Part 7

떠난 고객을 다시 잡는
리텐션 마케팅

통계를 통해 스토어 분석하기

시간이 지나며 판매되는 상품의 종류와 가짓수가 늘어나면, 체계적으로 스토어를 분석하고, 고객유입 및 방문고객, 판매상품까지 분석할 필요가 있다. 스마트스토어센터는 판매자들의 원활한 판매활동과 다양한 마케팅활동을 지원하기 위해 판매와 관련된 빅데이터를 제공한다. 이 데이터를 이용해 판매자들은 심도 깊은 스토어 분석뿐만 아니라 마케팅 전략까지 수립할 수 있다.

자체 제공되는 스마트스토어의 통계분석

2018년 초반 비즈어드바이저라는 이름으로 제공된 통계 데이터가 지금은 스마트스토어에서 자체 제공되고 있다. 제공되는 데이터를 통해 판매자는 기간별로의 상품에 대한 직접적인 판매분석부터 시장분석, 마케팅분석, 고객분석까지 체계적인 통계자료를 얻을 수 있다.

☑ 결제금액을 통한 판매분석

가장 먼저 일별 결제금액을 확인할 수 있다. 일별로 스토어 방문고객들의 결제금액을 확인할 수 있는 자료로, 필요한 특정 기간을 설정한 후 조회하면 해당 기간 내의 판매금액에 대한 자료를 분석할 수 있다.

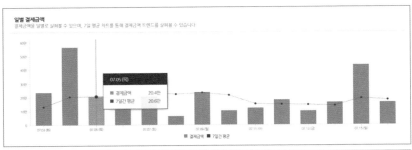

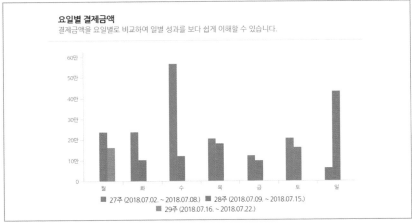

그림 **일별 결제금액**(위)과 **요일별 결제금액**(아래)

판매자는 제공되는 일별 결제금액 데이터를 가공해 주간, 월간의 매출 증감 여부를 예측할 수 있다. 또한 그래프가 기존과 다른 패턴을 보인다면 해당 날짜를 기점으로 방문자 및 구매수, 상품유입수 등을 통해 이슈사항을 확인하도록 하자.

일별 결제금액과 함께 요일별 결제금액도 보인다. 판매자가 조회하고자 하는 기간의 데이터를 보여주며, 판매자의 스토어에서는 무슨 요일에 상품이 많이 팔렸는가를 확인할 수 있는 기준 데이터가 된다. 이 자료는 특정 요일을 타깃으로 마케팅을 진행할 때 유리한 데이터로 활용할 수 있을 뿐만 아니라, 판매자가 상품을 등록할 때도 등록한 상품이 해당 요일에 구매가 이루어질 수 있도록 상품등록 전략을 수립할 수 있게 도와준다.

☑ 환불율을 통한 만족도 분석

방문자가 상품을 구매하고 구매확정을 함으로써 구매와 관련된 과정들을 문제없이 진행하면 좋겠지만, 모든 판매가 그렇게 쉽게 진행되지는 않는다. 여러 문제로 인해 교환 또는 환불 문제가 생긴다. 이때 처리된 환불에 대해서는 판매자가 일별, 상품 카테고리별, 상품별로 확인할 수 있다.

판매자는 환불율 데이터를 가볍게 생각하면 안 된다. 환불율은 직접적으로 이야기하는 고객의 소리가 아닌, 간접적으로 드러나는 고객의 소리이기 때문이다. 판매자는 어떤 상품에서 주로 환불이 많이 발생하는가를 확인해야 한다. 환불이 발생하는 이유는 배송이나 가격 문제일 수도 있지만 대부분 상품에 문제가 있는 경우라고 볼 수 있기 때문이다. 판매상품 중에서 유독 특정 상품에 대한 환불율이 높으면 해당 상품에 대한 리뷰를 확인하고 상품에 대한 점검과 함께 판매가격을 점검하도록 하자.

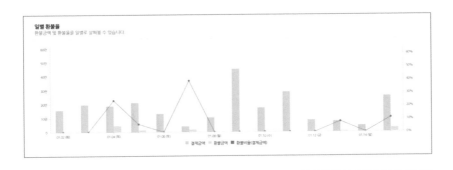

그림 **일별 환불율**

☑ 방문자 유입 분석을 통한 방문 유도

스마트스토어에 상품을 등록하면 N쇼핑 검색결과에 노출되지만 이것만으로 방문자가 유입되지는 않는다. 과연 내 스토어의 방문자들, 또는 구매까지 연결되는 고객들은 어떻게 스토어에 들어오는 것일까? 이 궁금증에 대답해줄 수 있는 데이터가 마케팅분석이다.

마케팅분석에서는 유입수에서 스토어 방문자가 어떤 채널에서 얼마나 들어오는지 각각의 채널별로 데이터가 비교되어 한눈에 확인할 수 있다. 만약 판매자가 마케팅을 진행한 채널이 있다면 해당 채널에서의 유입량이 얼마나 늘었는지 분석할 수 있는 데이터가 된다. 또한 별다른 마케팅활동 없이 유입수가 늘어난 채널이 있다면 마케팅 채널로의 확장을 고려해볼 수 있을 것이다.

마케팅 채널별 유입수 데이터와 함께 마케팅 채널별 기여금액 및 유입당 결제율을 확인해보자. 해당 데이터를 통해서 각 채널별로 유입된 방문자가 실제로 얼마나 구매를 진행했는가의 여부를 확인할 수 있다. 실제 유입은 많으나 결제율이 낮은 채널과 유입은 별로 없지만 결제율이 높은 채

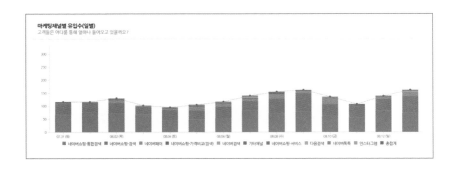

그림 마케팅채널별 유입수

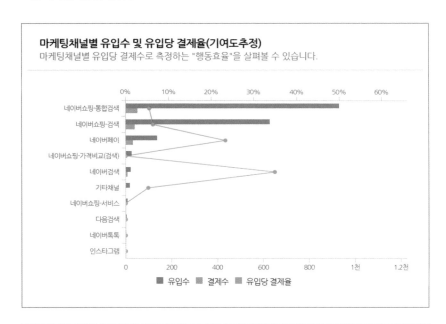

그림 마케팅채널별 유입수 및 유입당 결제율

널, 그 외에도 각 채널의 특징을 활용해 방문자의 유입을 효과적으로 높이
고 결제까지 유도할 수 있다.

☑ 쇼핑행동을 통한 상품 분석

상품별 상품상세 조회수 및 조회당 결제율은 고객들이 상품 상세페이지까지의 유입률 대비 구매가 얼마나 이루어지는지 확인할 수 있는 데이터다. 이때 각각의 상품의 유입수 대비 구매율을 볼 수 있기 때문에 상세조회수가 많은 상품과 결제율을 한 번에 확인할 수 있다.

그래프에서처럼 상품상세 조회수가 높지만 실제 결제가 이루어지지 않은 상품이 있는 반면, 상품상세 조회수는 낮지만 결제율이 높은 상품이 있다. 이런 데이터 분석을 통해 결제율이 낮은 상품에 대해서는 해당 상품과 동일한 상품을 판매하는 판매자의 상품을 벤치마킹 해 가격 및 구매조건을 확인하고, 상세페이지를 점검해 구매율을 높이는 작업이 필요하다.

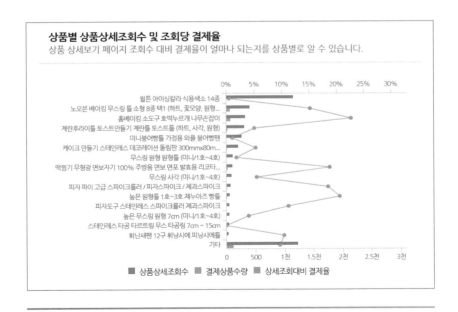

그림 **상품별 상품상세조회수 및 조회당 결제율**

☑ 고객관리

고객현황은 주문고객, 관심고객, 성별/연령별, 등급고객에 대한 데이터를 확인 할 수 있다. 주문고객의 해당 기간 동안 스토어의 모든 채널에서 1회 이상 결제까지 완료한 고객을 주문고객으로 집계하며, 한 명당 1회만 집계된다. 관심고객수는 스토어에 톡톡친구 또는 스토어 찜을 한 고객의 수이며, 성별/연령별은 주문고객의 성별과 나이를 안내하고 있다.

이때 구매고객의 연령대가 판매자가 생각한 타깃층에 부합하는지 확인할 필요가 있다. 만약 고객의 연령대가 낮다면 상품의 가격대를 낮추는 것이 구매전환율을 높일 수 있으며, 연령대가 높다면 상품에 대한 구매전환율이 상대적으로 높기 때문에 해당 연령대에 맞는 마케팅을 진행해도 좋다. 그래프에서 추가로 확인할 수 있는 데이터는 신규고객수와 기존고객수다. 신규고객수가 감소하거나, 기존고객수가 늘어나는 양상을 보이지 않는다면 고객 유치를 위한 마케팅을 적극적으로 진행해보는 것도 좋다.

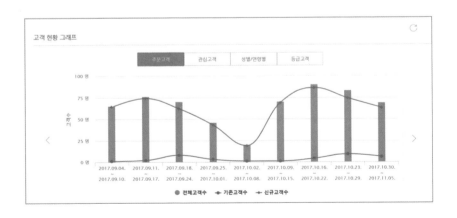

그림 **고객 현황 그래프**

☑ 재구매 통계

재구매 고객은 조회한 시점부터 6개월(180일) 동안 구매한 이력이 있는 고객을 의미한다. 판매자의 입장에서는 신규고객수가 증가하는 것은 좋은 현상으로 생각할 수 있겠지만, 최근 들어 판매자가 많이 늘어나고 판매되는 상품군과 상품의 가짓수가 많아지면서 점점 신규고객 유치가 쉽지는 않다.

신규고객의 수를 증가시키는 것도 중요하겠지만 결국 꾸준한 매출을 올려주는 것은 충성고객이다. 충성고객은 결국 기존고객들의 재구매로 인해 만들어지기 때문에 기존고객을 등한시 한다면 결국 내 스토어의 충성고객으로 만들기 어려울 것이다. 이미 스마트스토어에서는 재구매율을 높여 기존고객을 충성고객으로 만들 수 있도록 고객 등급제도와 고객에게 혜택을 제공할 수 있는 기능을 제공하고 있다. 이런 기능들을 활용하여 기존 고객들에게 지속적인 구매를 유도할 수 있도록 마케팅을 해보자.

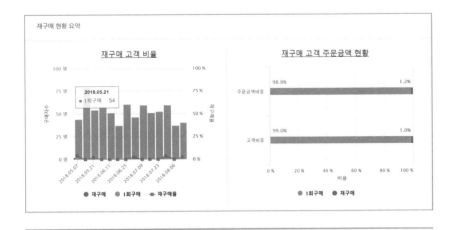

그림 재구매 현황 요약

디테일한 분석을 원한다면 네이버 애널리틱스

스마트스토어에서 제공되는 통계자료 외에 판매자가 분석할 수 있는 데이터는 애널리틱스에서 제공되는 데이터다. 애널리틱스는 무료로 웹로그를 분석하는 서비스이며, 스마트스토어를 애널리틱스 사이트 등록을 해서 분석 데이터를 제공받을 수 있다. 스마트스토어의 통계자료와는 다르게 방문자들의 유입과 관련 세부 데이터 및 상품 키워드 분석자료 등 디테일한 데이터를 제공받을 수 있다.

방문자 요약은 데이터 검색 설정 기간 기준 30일 이전 데이터와 비교분석 한 자료를 보여준다. 30일 이전과 비교했을 때 방문자 유입의 증감 현황을 확인할 수 있다. 방문자수와 페이지뷰(PV; Page View)수 영역을 클릭하면 방문자수의 경우 신규방문, 재방문수, 방문자 PV수 등 세부적인 내용 확인이 가능하며, 페이지뷰는 신규방문자, 재방문자에 따른 PV가 어떻게 되는가에 대한 정보를 확인할 수 있다. 만약 방문자가 급격하게 감소했다면 또는 이전과는 다른 양상으로 페이지뷰수가 감소했다면, 원인과 이유를 찾아 확인 후 적절한 대응을 하도록 하자.

유입검색어를 통해서 스토어 또는 상품에 어떤 키워드로 검색되고 유입되는가를 분석할 수 있다. 여기에서 판매자가 상품등록 시 선정한 키워드로 유입이 잘 되는지의 여부를 확인할 수 있으며, 예상치 못한 키워드로 방문자가 유입되는 경우도 확인할 수 있다. 판매자는 주기적으로 유입검색어를 분석해 새로운 시장을 확장할 수도 있고, 기존 상품등록 시 설정한 키워드의 문제점을 발견할 수 있는 자료로 활용할 수 있다.

Top10 인기페이지는 페이지뷰가 많은 상품의 순위와 페이지뷰수 및

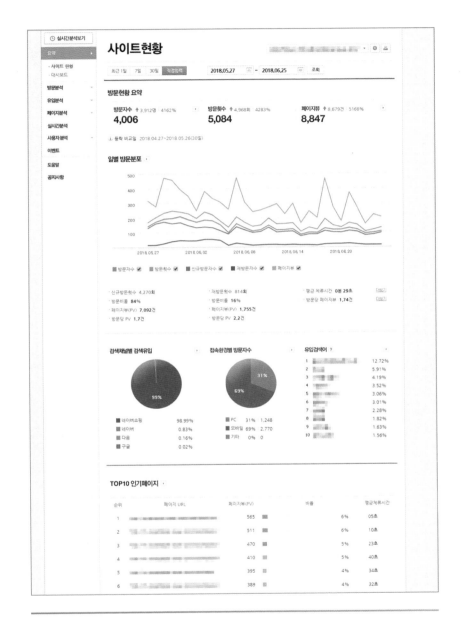

그림 네이버 애널리틱스

해당 페이지에 대한 방문자의 평균 체류시간에 대한 정보를 확인할 수 있다. 해당 상품에서 제공하는 URL을 클릭하면 스마트스토어의 해당 상품으로 바로 이동하기 때문에 어떤 상품이 현재 가장 인기 있는 상품인지 바로 확인할 수 있다.

스마트스토어와 애널리틱스 어느 하나만 선택해서 분석하기보다 두 곳의 자료를 주기적으로 분석하자. 내 스토어뿐만 아니라 스토어에서 판매되고 있는 상품의 세부적인 사항까지도 분석할 수 있으며, 분석자료를 통해 스토어 및 상품의 개선점을 찾아낼 수 있다. 또 마케팅을 위한 수단으로도 충분히 활용할 수 있다.

고객을 사로잡는 혜택 관리

판매자가 아니라 잠시 구매자의 입장에서 생각해보자. 실제 필요한 물건을 구매하려 할 때 같은 상품을 같은 가격으로 각기 다른 스토어에서 판매하고 있다면 어떤 스토어를 선택할까? 배송 및 서비스뿐만 아니라 실제 결제했을 때 할인 또는 배송비 등에서 얼마나 혜택을 받을 수 있는지 따져보고, 그런 혜택의 비율이 높은 스토어에서 구매를 결정할 것이다.

혜택은 고객의 최종 구매결정을 확정 짓는 결정적인 요소다. 실제 고객에게 혜택을 제공함으로써 스토어의 판매율과 매출을 높일 수 있다. 스마트스토어에서도 판매자가 고객들에게 혜택을 줄 수 있도록 몇 가지 기능들을 제공하며, 제공된 혜택들에 대해 판매자가 직접 확인할 수 있는 기능도 제공한다. 혜택리포트를 통해 판매자는 혜택에 대한 분석뿐만 아니라 지급내역 등을 스마트스토어센터에서 확인할 수 있다.

직접 타겟팅 대상을 선정하는 혜택등록

혜택등록은 판매자가 직접 타겟팅 대상을 선정해 쿠폰 또는 포인트 혜택을 설정해 등록할 수 있는 메뉴다.

☑ 첫구매고객

최근 2년간 구매이력이 없는 고객을 대상으로 혜택을 설정한다. 다운로드받아 사용하는 쿠폰을 설정하고, 등록한 쿠폰은 내 스토어 전체 상품에 적용하거나 특정 상품에 적용해 사용할 수 있도록 한다. 첫구매고객 혜택 설정 시 상세페이지의 결제영역에서 혜택 내용을 확인할 수 있다.

혜택 등록 ⑦ ● 필수항목

| 혜택 이름 ● ⑦ | 최대 30자 이내로 입력하세요. | 0/30 |

타겟팅 대상 ●

| 첫구매고객 | 재구매고객 | 톡톡친구 | 스토어찜 | 타겟팅 |

· 마케팅 목적에 맞게 세분화된 타겟을 설정할 수 있습니다.
· 고객그룹 관리를 통해 그룹을 만드신 경우, 그룹고객을 선택하여 혜택을 등록할 수 있습니다.

혜택종류 ● ○ 쿠폰 ○ 포인트적립

혜택상품지정 ● ⦿ 내스토어 상품전체 ⑦ ○ 카테고리선택 ⑦ ○ 상품선택 ⑦

[저장] [취소]

그림 **타겟팅 대상별 혜택 설정**

COUPON 춤추는남님을 위한 재구매 3% 할인 쿠폰받기

구매혜택 추가 적립 포인트 **40원** ?	구매혜택 추가 적립 포인트 **43원** ?
이 스토어에서 재구매시 **배송비 2,000원 할인**	눈누난나님을 위한 **첫 구매 1,000원 할인**

그림 **타겟팅별 혜택 노출**

☑ 재구매고객

최근 6개월간 구매이력이 있는 고객을 대상으로 재구매 혜택을 설정한다. 1회 이상 구매고객, 즉 2회째부터 해당 혜택이 적용되며, 재구매 조건에 따라 설정할 수 있다.

표 **재구매 조건**

구분	내용
스토어구매	• 내 스토어에서 구매한 모든 유저에게 혜택 제공 • 최근 6개월간 스토어를 통해 구매한 이력이 있을 경우 어떤 상품을 구매하든 혜택을 제공
상품구매	• 특정 상품을 구매한 유저에게 혜택 종류에 따라 적용 • 혜택 적용 〉 쿠폰 최근 6개월간 스토어를 통해 구매한 이력이 있으며, 혜택 상품으로 지정한 상품 중에서 1개라도 구매한 경우 지정한 상품 중 어떤 상품을 구매하든 쿠폰 혜택 제공 • 혜택 적용 〉 포인트 최근 6개월간 스토어를 통해 구매한 이력이 있으며, 동일한 상품을 재구매한 경우 구매확정 시 대상 고객에게 재구매 혜택 제공

재구매고객에게는 쿠폰 또는 포인트 적립을 선택해 지급할 수 있으며, 설정 시 혜택을 받을 수 있는 예상 고객까지 확인할 수 있다. 재구매 혜택은 스토어 메인 상단의 혜택 영역에서 확인 가능하며, 상세페이지 내 결제 영역에서도 확인할 수 있다.

☑ 톡톡친구

톡톡친구를 위한 쿠폰 혜택을 설정한다. 톡톡친구에게 쿠폰을 첨부해 메시지를 보내거나, 친구 맺기를 한 고객에게 친추 감사메시지와 함께 쿠폰을 보낼 수 있다. 설정된 혜택을 '상품 상세의 상세정보 상단에 쿠폰 전시하기' 설정 시 구매자가 상품 페이지에서 해당 혜택을 바로 확인할 수 있다.

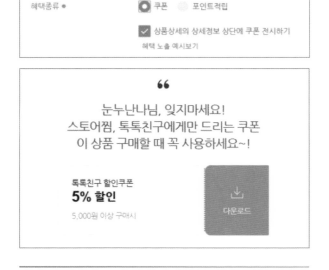

그림 **톡톡친구 쿠폰 혜택**

☑ 스토어찜

스토어찜을 한 고객에게 쿠폰 혜택을 설정한다. 혜택은 쿠폰만 가능하며, 톡톡친구 혜택과 마찬가지로 상세페이지 상단에 할인 쿠폰 형태로 노출시킨다.

☑ 타겟팅

구매이력이 있거나 스토어찜을 한 고객을 지정해 쿠폰 즉시발급을 설정한다. 특정 고객을 지정하거나 타겟팅 그룹을 설정해 혜택을 제공할 수 있으며, 타겟팅 그룹은 판매자가 직접 설정한다. 고객을 직접 등록하려면 고객 아이디(ID) 또는 고객 이름을 검색해 설정해야 한다.

고객 그룹을 설정할 때 거래기간 및 거래정보, 관심여부 등을 지정해 혜택을 받을 수 있는 예상 고객수를 확인할 수 있다. 조건을 설정해 묶인 그룹에게는 각각의 혜택을 등록할 수 있다.

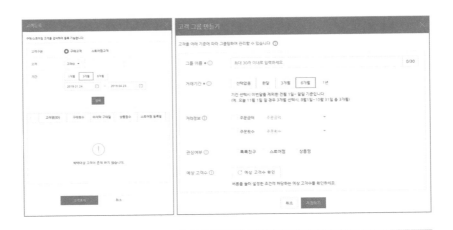

그림 **고객등록**(왼쪽)과 **고객그룹 만들기**(오른쪽)

리텐션을 높이는 고객 등급 관리

지금까지 고객을 개인별로 지정하거나 그룹 설정을 통해 혜택을 제공하는 방법을 알아보았다. 이제 고객의 등급을 설정함으로써 등급별로 다른 기준과 혜택을 설정해 지급하는 방법을 알아보겠다. 등급은 실버, 골드, VIP, VVIP 총 4개로 설정할 수 있으며, 등급명은 변경하지 않아도 된다. 판매자가 설정한 등급정보로 매월 1일 자동으로 등급대상 고객을 뽑아 혜택을 제공한다. 등급관리로 한 번 고객을 단골고객으로 만들어 리텐션을 높일 수 있다. 등급별로 혜택을 다르게 해 고객에게 제공해보자.

	고객등급 관리			
고객등급 관리			혜택 노출 예시보기	고객등급 매뉴얼 보기
적용기간 ⓘ	2019.04.01 ~ 2019.04.30			
	등급혜택이 적용되었습니다. 이번달 등급 고객수와 지급될 혜택을 확인해 보세요.			
등급기준 ⓘ	최근 **3개월** 안에 상품구매한 고객 ｜ **주문금액(오)**로 구분			
등급별 혜택				
등급명	**등급 조건**	**등급별 혜택**		**예상 고객수** ⓘ
⑤ SILVER	50,000원 이상 ~ 100,000원 미만 구매 고객	· **포인트 적립** - 적립금액 1%		233명
ⓖ GOLD	100,000원 이상 ~ 200,000원 미만 구매 고객	· **포인트 적립** - 적립금액 3%		145명
ⓥ VIP	200,000원 이상 ~ 500,000원 미만 구매 고객	· **상품중복할인 쿠폰** - 할인금액 5% (최대 5,000원) - 최소주문금액 5,000원 이상 구매시 사용가능 - 쿠폰수량 1개 · **포인트 적립** - 적립금액 1%		55명
ⓥ VVIP	500,000원 이상 구매 고객	· **상품중복할인 쿠폰** - 할인금액 5% (최대 5,000원) - 최소주문금액 5,000원 이상 구매시 사용가능 - 쿠폰수량 1개 · **포인트 적립** - 적립금액 3%		10명

그림 **고객등급 관리 및 등급별 혜택 설정**

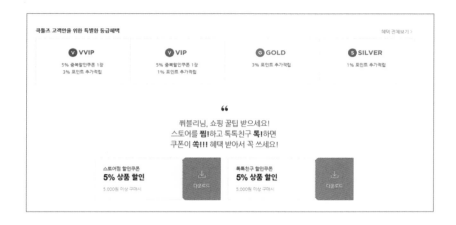

고객등급 등록은 [고객혜택 관리 > 고객등급 관리]에서 설정할 수 있다. 등급별로 혜택을 설정할 수 있으며 혜택은 포인트 적립, 배송비 쿠폰, 상품 중복할인 총 3가지 항목에서 중복 적용이 가능하다. 등록된 혜택은 수정할 수 있으며, 판매자의 권한으로 지급을 중지할 수 있다. 지급 중지는 중지를 설정한 다음 달부터 적용된다. 지급을 중지할 때 고객의 불만이 접수될 수 있으므로 지급 중지 전에 고객에게 반드시 사전 고지를 하자.

고객등급이 적용된 스토어는 상품 상세페이지 상단에 고객이 내용을 바로 확인할 수 있도록 등급혜택을 보여준다. 만약 등급별 혜택과 스토어찜, 톡톡친구 추가 혜택이 동시에 등록된 경우에는 상세페이지에서 순차적으로 해당 혜택들이 등록되어 있음을 보여준다.

충성고객을 만드는 리텐션 관리

직접 대화로 고객을 관리하는 톡톡상담 관리

톡톡상담 관리는 웹메신저 형태로, 별도의 다운로드를 통한 설치 없이도 PC나 모바일상에서 판매자와 직접 대화를 할 수 있다. 톡톡상담하기는 판매자의 설정에 따라 사용 여부를 결정할 수 있는데, [노출관리 > 노출서비스 관리]를 통해 설정할 수 있다.

네이버 아이디로 인증한 뒤 톡톡상담하기 연결을 진행한다. 한 번 연결해두면 판매자의 선택에 따라 '톡톡상담하기' 버튼을 노출할지 말지 설정할 수 있다. 버튼 노출 설정 시 프로필 영역의 '톡톡하기', 그리고 상품 상세페이지 결제영역 하단의 '톡톡문의', N쇼핑에 노출되는 검색결과 페이지에서도 '톡톡' 버튼을 클릭함으로써 판매자에게 직접적으로 문의를 남길 수 있다.

☑️ 톡톡상담하기

톡톡하기(톡톡문의)를 통해 들어온 문의는 스마트스토어센터의 '톡톡상담하기'에서 확인이 가능하다.

톡톡상담하기는 고객과 일대일로 채팅할 수 있도록 각각의 채팅창에서 문의 내용을 확인할 수 있다. 이때 채팅창 우측에는 고객의 요청사항이나 관련 내용을 판매자가 직접 메모할 수 있는 영역이 있으며, 메모 영역 아래로는 현재 판매자와 대화하는 고객의 주문내역과 배송정보를 바로 안내할 수 있도록 이력들이 바로 보인다. 이렇게 주문한 고객에 대한 정보까지 한눈에 볼 수 있어 고객의 어떠한 문의에도 쉽고 빠르게 응대할 수 있는 장점이 있다. 또한 고객문의를 통해 현재 내 스토어에 추천할 수 있는 상품이 있다는 상품 추천 기능을 활용해 고객에게 상품에 대한 안내 또한 쉽게 진행할 수 있다.

그림 **톡톡상담하기**

☑️ 톡톡 쇼핑챗봇 설정

스마트스토어센터에서 톡톡상담하기와 같이 판매자가 직접 상담할 수 있는 영역이 있다면, 톡톡 쇼핑챗봇 설정을 통해 판매자 대신 챗봇이 구매자에게 응대하도록 설정할 수 있다.

[톡톡상담관리 > 톡톡 쇼핑챗봇 설정] 메뉴를 통해서 판매자는 쇼핑챗봇 안내 항목에 챗봇이 응대하는 안내메시지를 추가할 수 있다. 챗봇은 상품주문, 평균배송일, 배송현황, 인기상품추천, 주문취소/배송지변경, 교환/반품 등의 항목에 응대할 수 있으며, 판매자가 설정해놓은 각각의 메시지 내용을 토대로 고객에게 안내한다.

챗봇을 설정하면 판매자는 고객응대 시간을 단축할 수 있고, 고객은 판매자가 직접 응대할 때보다 빠르게 답변을 받을 수 있다는 장점이 있다. 하지만 일부 문의에는 판매자의 직접적인 답변이 필요할 수 있어서 상담 내용을 한 번씩 검토해야 할 필요가 있다.

그림 **톡톡 쇼핑챗봇 설정**

톡톡상담관리는 스마트스토어센터에서뿐만 아니라 네이버 톡톡 파트너센터를 통해서도 관리할 수 있다.

스마트스토어센터의 톡톡상담관리에서 톡톡상담하기를 보면 구매자와 직접 대화할 수도 있고, 고객의 요청사항을 쉽게 메모할 수도 있으며, 이전 구매이력을 통해 배송 등의 문의에 빠르게 응대를 할 수 있다. 또한 고객이 주문한 상품에 대한 배송정보를 확인하거나 직접 보낼 수도 있다.

스마트스토어센터에서는 상품에 대한 간단한 문의에 응대할 수 있도록 기능이 축소되어 제공되지만, 톡톡 파트너센터를 통해서는 조금 더 다양한 기능으로 고객들에게 스토어의 혜택정보나 프로모션에 대해 안내할 수 있다. 빠른 응대뿐만 아니라 전문적인 마케팅 도구로 톡톡하기 기능을 활용하고자 하는 판매자라면 톡톡 파트너센터를 적극 활용하도록 하자.

고객을 만족시키는 문의 관리

고객이 판매자에게 직접 상품문의나 상품구매와 관련된 문의를 남기고 싶다면 '묻고 답하기' 게시판을 활용하거나 상품 페이지 하단에 'Q&A' 항목에 문의글을 남길 수 있다.

고객이 남긴 문의글은 판매자가 직접 답변을 작성해야 하는 부분으로 문의글을 확인한 즉시 답변하자. 묻고 답하기로 들어온 문의는 스마트스토어센터 [문의/리뷰관리 > 문의관리]에서 내역을 확인할 수 있다.

고객문의는 판매자가 직접 답변을 작성해 응대한다. 이때 [상품관리 > 템플릿 관리 > 문의템플릿 관리]를 이용하면 해당 템플릿을 이용해 빠르게 답변을 남길 수 있다. 비슷한 유형의 문의글에 응대하는 템플릿을 등록한다면 운영관리 시간을 단축할 수 있으니 적극적으로 이용해보자.

고객문의 중 실제 상품을 구매한 고객이 상품문의 이외에 구매상품에 대한 배송·반품·교환과 관련된 문의를 하고 싶다면 '판매자 문의하기'에 글을 남길 수 있다.

접수된 고객문의는 [문의/리뷰관리 > 고객문의 관리]에서 확인할 수 있다. 해당 문의 역시 기존에 작성해놓은 답변을 활용해 템플릿을 만들어 응대할 수 있으며, 판매자가 직접 답변을 작성할 수도 있다.

상품 관련 문의와 달리 고객응대 관리에 판매자가 답변을 달 경우, 구매자는 해당 답변에 만족도를 매길 수 있다. 가급적 고객이 만족할 수 있도록 해결책을 제시하도록 하자.

고객을 끌어당기는 리뷰 관리

상품의 구매를 결정짓는 요소에는 판매처, 금액, 혜택 등이 있다. 여기에 실제 구매자들이 사용하고 작성한 리뷰 또한 구매를 결정짓는 요소 중 하나다. 상세페이지 하단에 작성된 리뷰들이 대부분 상품과 배송에 대한 불평이 많다면 같은 상품을 파는 다른 판매처보다 상대적으로 판매율이 떨어질 수밖에 없다. 또한 스마트스토어에서는 리뷰가 판매자의 굿서비스 등급을 결정짓는 요인으로 작용하기 때문에 무엇보다도 좋은 리뷰를 받아야 한다.

좋은 상품을 좋은 가격에 제공하고 빠른 배송을 진행해야 좋은 리뷰를

그림 **리뷰 관리**

받을 수 있다. 여기에 리뷰 관리를 통해 좋은 리뷰를 작성하도록 고객을 유도하고, 작성된 좋은 리뷰가 상위에 노출될 수 있도록 판매자가 설정한다면 판매율을 높일 수 있을 것이다.

고객이 작성한 상품리뷰는 [문의/리뷰관리 > 리뷰관리]에서 관리한다. 리뷰는 상품구매 시 작성된 일반리뷰, 한달사용리뷰로 나눌 수 있다. 일반리뷰는 고객이 구매확정 시 30일 이내에 작성할 수 있으며, 한달사용리뷰는 구매확정 후 한 달이 지난 시점부터 60일간 작성할 수 있다.

한달사용리뷰는 일반리뷰와 달리 한 달 동안 충분히 사용한 경험과 만족도 변화를 작성할 수 있는 리뷰다. 일반리뷰 평가가 좋아도 실제 상품력이나 내구성 등 실제 상품을 사용했을 때 만족도가 떨어진다면 한달사용리뷰 역시 만족도가 떨어질 수 있다.

리뷰는 포토리뷰, 동영상리뷰, 텍스트리뷰 등으로 나눠 작성된다. 텍스트리뷰보다는 포토리뷰나 동영상리뷰가 구매를 고민하는 고객들에게 생생한 정보를 전달한다. 구매력을 높이기 위해서는 포토·동영상리뷰 작성 시 포인트를 지급함으로써 구매고객들이 리뷰를 많이 작성할 수 있도록 유도해보자.

사진과 동영상이 첨부되어 있고 잘 써진 리뷰를 선택한 후 '베스트 리뷰 선정·혜택지급'을 선택하면 해당 리뷰를 쓴 구매자에게 추가적으로 쿠폰 이나 포인트를 지급할 수 있다.

선정된 리뷰는 상세페이지에서 '스토어 PICK' 항목에 노출되어 고객들 이 쉽게 확인할 수 있다. 사진이 첨부되어 있고, 내 상품을 구매와 연결시 켜줄 수 있는 정확한 평가의 리뷰라면 판매자가 직접 베스트 리뷰로 선정 해 노출해주는 것도 판매에 도움이 된다.

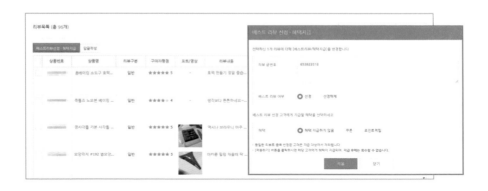

그림 **베스트 리뷰 선정·혜택 지급**

리뷰혜택 설정 시 상품 페이지, 주문서, 구매확정화면, 리뷰작성화면, 쇼핑MY > 작성가능리뷰에 자동으로 노출되기 때문에 고객들이 혜택을 직접 확인할 수 있다. 따라서 고객들에게 추가로 혜택을 제공하고 리뷰를 작성하도록 유도하는 것도 향후 매출을 높일 수 있는 방법이다.

그림 **스토어** PICK

스마트스토어에 판매할 상품을 등록했다면 판매방식을 한 단계 업그레이드시켜보자. 실제로 라이브 커머스 툴을 활용해 판매를 진행했던 명품 브랜드 '케이트런던'의 경우 1시간 동안 일 매출의 250%가 넘는 기록을 달성했다고 한다. 이렇듯 기존의 상품을 보여주는 방식에서 탈피해서 라이브 커머스 툴을 활용해 실시간으로 고객들과 소통하고 제품에 대한 정보를 실시간으로 전달하며 매출 상승을 이끌어내보도록 하자.

스마트스토어 파워 등급 이상의 판매자라면 누구나 네이버에서 제공하고 있는 라이브 커머스 툴을 이용해 판매를 시작할 수 있다. 라이브 방송을 시작하기 위해서는 먼저 앱 설치를 해야 한다. 구글 플레이스토어나 앱스토어를 통해 '네이버 쇼핑라이브' 애플리케이션을 다운로드 받아보자.

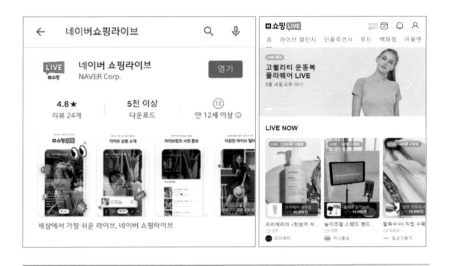

그림 네이버 쇼핑라이브 모바일(왼쪽)과 PC(오른쪽)

쇼핑라이브는 PC 버전을 제공하고 있지만, PC 버전은 서비스를 이용하려는 이용자들을 위한 페이지이므로, 판매자의 경우에는 반드시 네이버 쇼핑라이브 앱을 설치해야 한다.

앱 설치 후 가장 먼저 해야 할 일은 스마트스토어 판매자 계정을 연결하는 것이다. 판매자 아이디가 있다면 계정 연결은 어렵지 않게 진행할 수 있을 것이다.

계정이 정상적으로 연결되었다면, 운영하고 있는 스마트스토어의 상호명과 로고가 그대로 화면에 보이며, 하단에 라이브 시작하기 버튼 클릭을 통해 다음 단계로 넘어갈 수 있다.

라이브를 시작하면 바로 방송을 진행하는 것이 아니라, 방송 시작 전 판매자가 반드시 설정해야 하는 세 영역이 있다.

그림 **네이버 쇼핑라이브 앱 로그인**

☑️ 타이틀

화면 최상단에 현재 라이브를 진행하고자 하는 방송의 제목을 입력하면 된다. 등록한 제목은 방송 공유 시 또는 네이버 쇼핑라이브 홈페이지에서 영상의 제목으로 노출되기 때문에 방송과 관련된 주제 또는 고객의 관심사 키워드를 활용해 제목을 입력해보자.

☑ 대표 이미지

대표 이미지는 방송과 관련된 화면을 이미지로 만들어 등록하도록 하자. 직접 촬영한 이미지나, 예쁘게 꾸민 이미지를 사용해도 된다. 등록한 이미지는 방송 시작 전 화면 또는 라이브 방송 섬네일로 이용되기 때문에 제목과 마찬가지로 방송과 관련 있는 이미지를 넣는 것이 좋다.

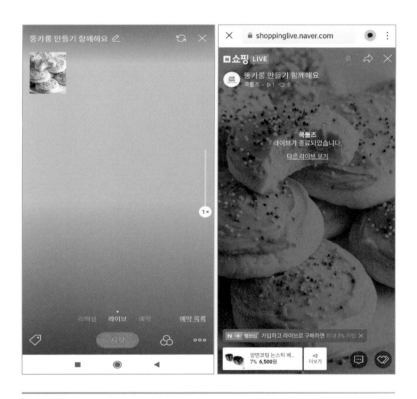

그림 **판매자 설정 화면(왼쪽)과 소비자 쇼핑라이브 화면(오른쪽)**

☑️ 라이브 소개 상품 설정

마지막으로 설정해야 할 영역은 라이브 소개 상품이다. 해당 영역에는 최대 3개의 상품을 추가해 보여줄 수 있으며, 오른쪽 핀 버튼을 클릭하면 방송 내내 상품을 고객들이 볼 수 있도록 고정시킬 수 있다. 상품까지 세팅했다면 방송준비는 완료되었다.

그림 라이브 소개상품 설정

다음 단계를 진행해보자. 하단에 리허설, 라이브, 예약을 통해 방송 진행 상태를 선택할 수 있다. 리허설은 방송을 진행하기 전 테스트로 방송해볼 수 있으며, 리허설을 해봤다면 라이브 버튼을 눌러 실제로 방송을 진행해보도록 하자. 방송준비가 완료되었다면 '시작' 버튼 클릭 후 방송을 시작한다.

'시작' 버튼을 누르면 소식받기 한 친구들에게 방송 안내가 메시지로 전달되며, 그 외에 '공유하기' 버튼을 통해 방송 진행 경로를 공유할 수 있다. 최대한 많은 사용자들이 방송을 볼 수 있도록 다양한 채널에 경로를 공유하면 좋다.

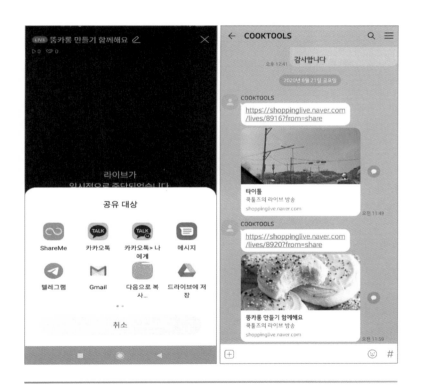

그림 라이브방송 공유하기(왼쪽)와 실제 라이브방송 공유화면(오른쪽)

라이브방송 시작 전 설정했던 제목과 이미지가 경로 공유 시 함께 공유된다. 실제 공유된 경로를 통해 라이브 방송을 시청하면, 판매자가 설정한 내용들을 방문자가 확인할 수 있다. 초기에 설정한 제목, 이미지, 하단에 등록한 상품까지 모두 노출된다는 점을 다시 한번 체크하고 실제 방송을 진행해보자.

방송을 통해 판매자는 실시간으로 제품을 소개하거나 고객과 채팅창을 통해 실시간으로 제품에 대한 정보 등을 주고받을 수 있다. 하지만 라이브 중 판매되는 상품의 경우 3%의 연동 수수료가 과금된다.

내가 진행하는 라이브를 네이버 쇼핑라이브 홈페이지에 노출하고 싶다면 네이버 라이브 커머스 서비스 페이지 내 노출을 위한 심사 신청(naver.me/5cKpgEyw)을 통해 신청한다. 심사 후 노출된다.

따라하면 매출이 따라오는
스마트스토어

초판 1쇄 발행 2019년 6월 20일
개정 1판 1쇄 발행 2020년 9월 15일
개정 1판 2쇄 발행 2021년 6월 20일

지은이 | 박지은
펴낸곳 | 원앤원북스
펴낸이 | 오운영
경영총괄 | 박종명
편집 | 최윤정 이광민 이한나 김상화
디자인 | 윤지예
마케팅 | 송만석 문준영 이지은
등록번호 | 제2018-000146호(2018년 1월 23일)
주소 | 04091 서울시 마포구 토정로 222 한국출판콘텐츠센터 319호(신수동)
전화 | (02)719-7735   팩스 | (02)719-7736
이메일 | onobooks2018@naver.com   블로그 | blog.naver.com/onobooks2018
값 | 16,500원
ISBN 979-11-7043-127-5 14320
        979-11-963418-1-7 (세트)

이 도서의 국립중앙도서관 출판예정도서목록(CIP)은 서지정보유통지원시스템 홈페이지(http://seoji.nl.go.kr)와
국가자료공동목록시스템(http://www.nl.go.kr/kolisnet)에서 이용하실 수 있습니다. (CIP제어번호: CIP2020034010)